面向“十二五”教学课程改革立项教材

会计与财务管理专业规划系列教材

会计电算化（习题及模块部分）

◇修订版

KuaiJi DianSuanHua XiTi Ji MoKuai BuFen

主　编　孟崇彦　王红红
副主编　张雅男　叶　慧
参　编　赵清霞　张　培

中国商业出版社

图书在版编目(CIP)数据

会计电算化/孟崇彦,王红红主编.—北京:中国商业出版社,2008.9(2011.9 印)

ISBN 978-7-5044-6256-5

Ⅰ.会… Ⅱ.①孟…②王… Ⅲ.计算机应用-会计-高等学校:技术学校-教材 Ⅳ.F232

中国版本图书馆 CIP 数据核字(2008)第 128023 号

责任编辑:龚凯进

中国商业出版社出版发行

(北京广安门内报国寺 1 号 邮编:100053)

新华书店总店北京发行所经销

北京航天伟业印刷有限公司印刷

787×1092 毫米 开本:1/16 印张:6.75 字数:150 千字

2011 年 9 月第 2 版 2011 年 9 月第 1 次印刷

定价:50.00 元(全二册)本册定价:15.00 元

* *

前　言

信息技术的快速发展,改变了工作模式,提高了工作效率。当会计与信息技术有机的结合起来,会计电算化便应运而生了。会计电算化的发展打破了传统会计格局,建立了新的会计理论和会计方法。同时,也对会计从业者及相关经济管理工作人员提出了一系列新的挑战,要求其对财务软件的了解、使用和维护的水平不断提高。在这种情况下,能否熟练应用财务软件已成为企业考核会计人员能力的重要指标之一。

本书在编写过程中力求做到内容适宜、实用,知识结构完整,时代性强,充分体现了职业学校的特点,突出对知识点的提炼,注重实用性、针对性和通俗易懂性。在写作过程中,编者从以初学者的角度出发,量身编写和安排了所有内容,同时列举了大量的具体实例。为了同时满足实际会计工作和会计职业资格考试的需要,本书兼顾理论和实践,以预置了2007年新会计制度科目的用友通标准版10.3具体讲解财务软件的基本知识和操作方法。

本书是教材配套复习题和模块练习部分。主要内容为教材每章同步强化练习、模块练习实验部分、会计电算化模拟考试及考试大纲。读者通过教材部分的系统学习,再加本部分的强化练习和实验操作,能更好地撑握会计电算化的知识要领。同时经过模拟考试部分的练习,读者又能了解国家会计电算化考试的试题类型,以便顺利通过考试。

本书由山东省城市服务技术学院孟崇彦、徐州技师学院王红红担任主编,太原铁路机械学校张雅男、北京黄庄职业高中叶慧、内蒙古经贸学校任副主编,山东省城市服务技术学院赵清霞、北京黄庄职业高中张培担任主要的编写工作。

由于编者水平有限,时间仓促,书中难免会有一些不妥之处,敬请读者批评指正。

编者

2011年9月

总 序

当今世界科学技术在高速发展,随着我国新会计准则、新税法的颁布和实施,我国的会计与国际会计惯例基本接轨,我国即将建立起社会主义经济体制和与它相适应的中国会计核算规范体系。从会计教育改革与发展的大环境考虑,现在许多老版的会计教材都不能适应当前的教学所需,改革和建立会计教育的教学内容与课程体系,不仅非常紧迫而且十分重要,它关系到我们应培养什么样的会计人才,才能适应我国快速发展及对世界开放不断扩大的需要。为此,我们及时组织全国三十多所会计专业教学实力比较强的院校代表齐聚北京,针对当前会计人才的需求,对会计专业职业教育进行了研讨,与会代表决定依据中小企业人才需要的教育目标和人才培养定位编写此套教材。本套教材的特点是:

第一,“新”。该套系列教材,在内容和体系上立意新、整体性强,不仅是按新会计准则编写,而且又专门针对中小企业会计的需要设计了一门课程——《中小企业会计》,这是过去会计类教材很少有的。

第二,“强”。该套教材具有较强的前瞻性,由于中国经济改革越来越深入,金融、证券等资本市场越来越规范,财务与会计改革的节奏日益加快,会计专业教材的“经济寿命”越来越短的因素影响,本套教材在课程设计时,尽量使课程之间相互递进、相得益彰,符合教学规律,并且有一定的后续性。

第三,“巧”。该套教材总体结构比较巧妙,本着“必需、够用、可教、可学”的原则构思,以案例模块的方式编写,同时穿插具有趣味的会计小知识,力求改变会计教学中的“数字教学”方式,提高学生的学习兴趣,丰富教学内容。

新会计专业教材编写组

目 录

第一篇　同步强化练习

第一章　计算机基础知识

一、单选题

1. 计算机感染病毒后会产生各种现象，以下不属于病毒现象的是(　　)。

A. 文件占用的空间变大

B. 发生异常蜂鸣声

C. 屏幕显示异常图形

D. 机内的电扇不转

2. 关于文件的含义，比较正确的说法应该是(　　)。

A. 记录在存储介质上的一组相关信息的集合

B. 记录在磁盘上的一组相关信息的集合

C. 记录在磁盘上的一组相关程序的集合

D. 记录在存储介质上的一组相关程序的集合

3. 机器语言是(　　)。

A. 源程序　　B. 用符号代替的高级语言

C. CPU 能接受的基本指令　　D. 接近自然语言的计算机指令

4. 下列关于计算机病毒的说法中，正确的是(　　)。

A. 计算机病毒通常是一段可运行的程序　　B. 反病毒软件可清除所有病毒

C. 加装防病毒卡的微机不会感染病毒　　D. 病毒不会通过网络传染

5. 计算机操作系统的作用是(　　)。

A. 控制计算机的硬件设备　　B. 执行用户编写的源程序

C. 对各种数据进行操作　　D. 控制和管理系统的软硬件资源

6. 如果要把 C 盘某个文件夹中的一些文件复制到 C 盘的另外一个文件央中，在选定文件后，若采用拖放操作，可以用(　　)目标的方法。

A. 直接拖至　　B. Ctrl 十拖至　　C. Alt 十拖至　　D. 单击

7. 下列计算机设备中，属于输入设备的是(　　)。

A. 音箱　　B. 绘图仪　　C. 打印机　　D. 扫描仪

8. 下列软件中，(　　)都属于系统软件。

A. DOS、WPS、Windows　　B. AutoCAD. Windows NT、Word

C. UNIX、DOS、Windows　　D. UNIX、C. MIS

9. 在 Word 中，在正文中选定一矩形区域的操作是(　　)。

A. 先按住[Alt]键，然后拖动鼠标

B. 先按住[Ctrl]键，然后拖动鼠标

C. 先按住[Shift]键，然后拖动鼠标

D. 先按住[Alt]+[Shift]键，然后拖动鼠标

10. 计算机系统中包含了多种存储器，其中(　　)是外存储器。

A. 寄存器　B. ROM　C. RAM　D. 磁盘

11. 计算机硬件唯一能直接理解的语言是(　　)。

A. 机器语言　B. 汇编语言　C. C 语言　D. FORTRAN 语言

12. 在资源管理器中，要选择连续的多个文件，应(　　)。

A. 连续单击要选择的对象

B. 先单击第一个对象，按住[Ctrl]键，再单击最后一个对象

C. 先单击第一个对象，按住[Shift]键，再单击最后一个对象

D. 按住[Ctrl]键，先单击第一个对象，再单击最后一个对象

13. 下列关于存储器的叙述中，正确的是(　　)。

A. 外存储器能与 CPU 直接交换数据

B. 衡量主存储器的主要技术指标是字长

C. 外存储器能与主存储器成批交换数据

D. 内存储器不能与 CPU 直接交换数据

14. 在 Windows XP 中，(　　)不是合法的文件名形式。

A. My. system. two. txt　B. 昨天 今天 明天. DOC　C. AAA　D. A > B. EXE

15. Excel 是一种(　　)。

A. 电子表格软件　B. 文字处理软件　C. 绘图软件　D. 网络通信软件

二、判断题

1. 计算机的常用输入设备有键盘和鼠标器。(　　)

2. 写保护口用于保护存储在软盘上的信息，避免误写入信息或计算机病毒的侵入。(　　)

3. 微机中内存储器指的就是只读存储器(ROM)。(　　)

4. 1 个英文字母占 1 个字节，1 个汉字占 2 个字节。(　　)

5. 只有显示器提供的分辨率大于或等于显示卡提供的屏幕分辨率时，才认为是显示器与显示卡配合正确。(　　)

6. 点阵打印机是通过针状打印头在电磁铁吸合驱动下，通过对色带撞击，在打印纸上留下字符。(　　)

三、操作题

(一) Windows 操作题

1. 桌面上建立以自己名字命名的文件夹。

2. 将 Windows 的程序中的“画图”复制到该文件夹下，重命名为“制作图片”。

(二) Word 操作题(不作要求的均为默认值)。输入以下文章:

通常，Internet 被译为国际互联网或因特网。它是由各种不同的计算机网络按照某种协议连接起来的大网络，是一个使世界上不同类型的计算机能交换各类数据的通信媒介。Internet 的形成早于“信息高速公路”概念的提出。Internet 显然还不是人们期望中的信息高速公路，即高速信息通道，但 Internet 庞大的用户群、高速的主干通道以及世界性的覆盖范围使事实上具有信息高速公路的某一些功能，因此，Internet 普通被看成是信息高速公路的基础。

Internet 的层次型网络结构连接起各种各样的计算机，大到巨型机，小到 PC 机，联系起世界各地的计算机用户。一个用户加入 Internet 后，可以到访世界范围内的不同主机系统，可以与连接到 Internet 上的所有用户交换电子邮件和各类信息；可以共享网络上的各种资料和有关资源；可以下载免费的共用软件；可以与近在咫尺的老朋友在网上聊天，也可以与远在天边的素不相识的网友在网上对弈；教师可以利用 Internet 进行教学；商人可以利用 Internet 进行商业服务……。

Internet 正在改变着人们的工作和生活方式，它将给信息时代带来一场新的革命，各国都在制定以计算机网络为主要内容的信息产业发展规划，以期在 21 世纪在政治、经济和技术竞争中处于有利地位。总之，Internet 正在深刻地改变我们的世界。

对以上输入的文档完成下列操作。

1. 为文档加标题:“Internet 改变世界”。标题要求:字体为仿宋、字号二号字、颜色为红色、下划线为红色双线。标题居中。

2. 将第一段文字设置行间距为 22 磅，段前、段后各 0.5 行。首字下沉两行。

3. 将第二段分为二栏，栏宽相同，加分隔线

4. 将文中最后一段设置字体楷体，小二号字，颜色为淡紫色。添加 1.5 磅、绿色、虚线边框。

5. 将此文章以文件名“Word 操作”另存到桌面上以自己名字命名的文件夹中。

(三) Word 表格制作(不作要求的均为默认值)

1. 新建一个 Word 文档，制作下面表格。

科目 姓名	政治	数学	外语	计算机
李辉	85	88	85	90
周光明	96	85	78	86
陈黎明	90	87	96	80
陈林	78	91	88	87

2. 如图加斜线表头。表格内文字居中对齐。

3. 表格外框线设为 0.75 磅蓝色双线。

4. 表格第一行和第一列加 15% 的蓝色底纹。文字字体为楷体、加粗、小二号。其余文字为仿宋、三号字。

5. 将表格以文件名“表格制作”存到桌面上以自己名命名的新建文件夹中。

(四) Excel 表格制作

1. 打开 Excel 工作簿，在工作表中输入下列数据：

销售报表(四月份)					
姓名	部门	销售量(本)	单价	销售额	利润
李明	微机部	3	1099		
王华名	网络部	2	2400		
黄丹丹	软件部	3	3400		
李月明	微机部	4	2000		
张峰	网络部	3	2340		
郭平	软件部	3	1500		

2. 利用公式计算销售额：(销售额 = 销售量 * 单价)；利润：(利润 = 销售额 * 10%)

3. 将表中记录按销售额由高到低进行排序。在第 9 行计算销售量、单价、销售额、利润的平均值。

4. 表中 D3 至 F9 单元格中数据，数字格式设置为货币格式。

5. 将表中单元格数据居中显示。数字显示为红色。

6. 将标题“销售报表(四月份)”在表格中跨列居中。

7. 将工作簿以文件名“Excel 练习题”存到桌面上以自己名字命名的文件夹中。

第二章　会计电算化基本理论

一、判断题：

1. 会计核算软件在进行系统初始化时，必须输入操作人员岗位分工情况，但为了保密，可以不输入操作密码。(　　)

2. 会计年度终了进行结账时，会计核算软件应当提供在数据磁带、可卸硬磁盘等存储介质的强制备份功能。(　　)

3. 会计核算软件可以任意划分会计期间，分期结算账目，这是会计核算软件灵活性的表现。(　　)

4. 选择会计软件时，软件的可恢复性不是十分重要的功能。(　　)

5. 自行编制的会计软件，程序编制人员可以进行审核记账工作。(　　)

6. 选择会计软件时，应优先考虑软件的实用性，其次考虑合法性。(　　)

7. 商品性会计核算软件通用性较强，不需要在会计部门作任何调整。(　)

8. 数据录入员通常由会计人员结合本人所负责的核算业务承担其录入工作，并对录入数据的正确性负责。(　　)

9. 数据审核员可以由数据录入员同时兼任。(　　)

10. 会计软件的操作人员可以由软件开发人员兼任。(　　)

11. 电算主管负责保证计算机硬件、软件的正常运行，防止利用计算机进行舞弊。(　　)

二、单选题：

1. “会计电算化”一词始于(　　)。

A. 1981 年　　B. 1974 年　　C. 1989 年　　D. 1993 年

2. 商品化会计软件比自行开发的会计软件(　)。

A. 通用性强，开发水平高　　B. 维护量小，购置成本高

C. 购置成本高，开发水平高　　D. 通用性差，维护量大

3. 会计核算软件以(　)为核心。

A. 报表处理　　B. 成本核算　　C. 账务处理　　D. 工资核算

4. 下列职责中，(　　)岗位是不相容职责。

A. 电算化主管与审核　　B. 凭证录入与修改

C. 凭证录入与审核　　D. 电算化主管与记账

5. 操作人员要严格遵守计算机的操作程序，并遵循(　　)的要求。

A. 操作制度　　B. 机房管理制度

C. 会计制度和会计准则　　D. 会计电算化

6. 会计电算化系统开发的全套文档资料，其保存期限截至该系统停止使用或有重大更改后的(　)年。

A. 一年　　B. 二年

C. 三年　　D. 五年

7. 一般来说，中小企业实施会计电算化的合理做法是( )。

A. 购买商品化会计软件　　B. 本单位定点开发软件

C. 使用国外会计软件　　D. 从其他企业复制取得会计软件

8. 企业实现会计电算化以后，( )是保障会计电算化工作成功的重要保障。

A. 做好会计电算化组织管理工作　　B. 会计核算软件

C. 代替手工记帐　　D. 试运行

9. 各种会计资料包括打印出来的会计资料以及存储会计资料的软盘、硬盘、计算机设备、光盘、缩微胶片等，未经(　　)同意，不得外借和拿出单位。

A. 会计主管　　B. 电算主管

C. 上级主管　　D. 单位领导

10. 会计电算化后，会计岗位包括(　　)。A. 电算主管，软件操作，审核记帐，电算维护，数据分析

B. 会计主管，出纳、工资核算员、成本核算员、现金管理员

C. 基本会计岗位和电算化会计岗位

D. 专职会计岗位和电算化会计岗位

三、多选题：

1. 按照会计电算化的服务层次和提供信息的深度，主要分为(　　)电算化阶段。

A. 会计核算　　B. 会计管理　　C. 会计决策　　D. 会计分析

2. 选择商品化会计核算软件时应考虑的问题包括(　　)。

A. 软件是否适应本单位的需求　　B. 软件的安全可靠性

C. 软件对环境的要求　　D. 商家的信誉和售后服务

3. 一般地，账务处理系统主要由初始设置和(　　)模块组成。

A. 凭证处理　　B. 月末处理

C. 账簿输出　　D. 编制报表

4. 下列(　　)情况可以反映会计电算化系统进行数据备件和恢复的重要性。

A. 备件软盘存储不当引起数据丢失

B. 软件故障造成财务数据丢失

C. 计算机病毒造成财务数据丢失

D. 人为的误操作造成财务数据丢失

5. 计算机替代手工进行会计工作，在会计核算方法上与手工方式相比具有(　　)优势

A. 便于对会计科目按数字分类、计算、存储、检索 B. 可以减少会计分录的编制

C. 避免了手工帐簿登记方式下人为误差引起数据的不一致

D. 会计报表的编制、打印极其方便、准确

四、简答题：

1. 会计电算化的发展经历了哪几个阶段？

2. 会计电算化对手工会计有哪些影响？

3. 通用会计软件的特点是什么？

第三章　系统管理

一、单选题

1. 下列(　　)人员负责规定会计软件系统各类使用人员的操作权限。

A. 系统维护员　　B. 系统操作员　　C. 软件编程人员　　D. 电算主管

2. 建账的内容一般不包括(　　)

A. 操作人员　　B. 编码规则　　C. 单位基本信息　　D. 核算方法

3. 下列说法错误的是(　　)。

A. 账套间数据相互独立

B. 企业只能建立一个账套

C. 企业可以为下属独立核算单位各自建立一套账

D. 账套间数据可以相互利用

4. 以系统管理员的身份注册系统管理时,不能进行的操作是( )。A. 建立账套　　B. 修改账套　　C. 输出账套　　D. 引入账套 5. 有权进入当前运行的会计电算化系统并调用该系统全部或部分功能的人员是(　　)。

A. 系统操作员　　B. 系统管理员　　C. 系统维护员　　D. 数据审核员

二、多选题

1. 增加系统操作员时，必须指定的基本信息有(　　)

A. 操作员密码　　B. 所属账套　　C. 操作员姓名　　D. 操作员编号

2. 外币汇率设置通常有(　　)

A. 固定汇率　　B. 浮定汇率　　C. 卖出汇率　　D. 买入汇率

3. 用友软件中，关于账套主管的说法正确的是(　　)。

A. 一个账套可以设定多个账套主管　　B. 账套主管自动拥有该账套的所有权限

C. 一个账套可以不设定账套主管　　D. 账套主管是由系统管理员设定的

4. 下列属于系统管理员的操作权限是( )。

A. 建立账套　　B. 分配操作员权限

C. 设置账套主管　　D. 年度账结转

5. 用友软件中,下列关于操作员的说法正确的是( )

A. 操作员编号在系统中必须唯一

B. 不同的账套,操作员编号可以重复

C. 所设置的操作员一旦被引用,便不能被修改和删除

D. 一个操作员只能被一个账套引用

6. 用友软件中,下列账套信息不能更改的是( )

A. 账套号　　B. 账套名称

C. 账套路径　　D. 启用会计期

三、判断题

1. 账套主管负责所选账套的维护工作。主要包括对所选账套进行修改、对年度账进行管理，以及该账套操作员权限的设置等。（　　）

2. 设置科目编码时，各级科目编码必须惟一（　　）。

3. 账套主管自动拥有管辖帐套所有模块的操作权限（　　）。

4. Admin 操作员作的数据备份，有账套主管权限的操作员不可以用来恢复。（　　）

5. Admin 与账套主管只是同一个职能人员在不同时候的称呼，其权限都是相同的。（　　）

6. 会计电算化软件各子系统之间没有联系。（　　）

7. 单位名称是区分系统内不同帐套的惟一标志。（　　）

四、操作题

实验一　系统管理

实验准备

将系统日期修改为“2008 年 1 月 31 日”。

实验资料

1. 操作员及其权限

编号	姓名	口令	所属部门	权限
A111	张三	A111	财务部	账套主管的全部权限
A222	李四	A222	财务部	除“出纳签字”外的全部总账权限
A333	王五	A333	财务部	“出纳签字”及“现金管理”的全部权限

2. 账套信息

账套号:008

账套名称:碧海云天

单位名称:碧海云天股份有限公司

单位简称:碧海云天

单位地址:山东省青岛市北京路 1 号

法人代表:齐鲁

邮政编码:266001

税号:11223344556677

启用会计日期:2008 年 1 月

企业类型:工业

行业性质:2007 年新会计制度;按行业性质预置会计科目。

账套主管:张三

基础信息:对客户进行分类;无外币核算。

业务流程:选择优化流程。

分类编码方案:

科目编码级次:422

客户编码级次:12

结算方式编码级次:12

部门编码级次:12
其他默认
自动备份计划:
计划编号:2008－01
计划名称:碧海云天1月份账套备份
备份类型:账套备份
发生频率:每天
开始时间:09:00:00
有效触发:1小时
保留天数:1天
备份路径:e:\账套备份\系统管理
实验要求
1. 设置操作员。
2. 建立账套(不进行系统启用的设置)。
3. 设置操作员权限。
4. 设置自动备份计划。
5. 账套备份(备份至“我的文档”\碧海账套备份\系统管理)。

第四章　基础设置

一、判断题

1. 删除会计科目应先删除上一级科目，然后再删除本级科目。(　)

2. 系统初始化就是把会计软件中的数据全部清除。(　)

3. 在用友通标准版 10.3 中，每一个操作员进入用友通主界面时显示界面都是相同的。(　)

4. 在进行客户分类和供应商分类设置时，客户分类编码和供应商分类编码是由编码方案决定的。(　)

5. 编码方案可以在“系统管理”中设置，也可以在系统未使用前，在“用友通”主界面“基础设置”中修改。(　)

6. 会计科目的设置包括指定会计科目、增加会计科目、修改会计科目、删除会计科目等内容。(　)

7. 只有指定会计科目后，出纳人员才能执行“出纳签字”功能。(　)

8. 在指定会计科目前，应在建立“库存现金”、“银行存款”会计科目时选中“日记账”复选框。( )

9. 会计科目一经使用就不能再增设下级科目。(　)

10. 修改或删除会计科目应遵循”自上而下”的原则，即先删除或修改上一级科目，然后再修改或删除本级会计科目。(　)

二、单选题

1. 若会计科目的编码方案为 3 - 2 - 2，则下列正确的编码为(　)。

A. 1010101　　B. 102002

C. 101101　　D. 102021

2. 填制凭证时，输入的会计科目编码应当是(　)科目编码。

A. 一级　　B. 二级　　C. 总账　　D. 末级

3. “管理费用”科目通常设置的辅助核算是(　)。

A. 个人往来　　B. 部门核算　　C. 项目核算　　D. 客户往来

4. 辅助核算要设置在(　)会计科目上。

A. 一级　　B. 二级　　C. 总账　　D. 末级

三、多选题

1. 下列关于会计科目编码的描述，正确的是(　)。

A. 会计科目编码必须采用全编码

B. 一级会计科目编码由财政部统一规定

C. 设置会计科目编码应从明细科目开始

D. 科目编码可以不用设定

2. 会计核算软件应当具备的初始化功能包括(　)

A. 输入会计核算所必需的期初数字及有关资料

B. 输入需要在本期进行对账的未达账项

C. 定义自动转账凭证，包括会计制度允许的自动冲回凭证等

D. 输入操作人员岗位分工情况，包括操作人员姓名、操作权限、操作密码等

3. 在账务处理系统进行科目设置时，设置的会计科目代码应(　　)。

A. 符合会计制度规定　　B. 代码必须唯一

C. 符合级次级长要求　　D. 代码只有两位

4. 科目编码就是按科目编码方案对每一科目的编码进行定义。其作用是(　　)。

A. 便于反映会计科目间的上下级逻辑关系

B. 便于计算机识别和处理，将会计科目编码作为数据处理的关键字

C. 便于检索、分类及汇总等

D. 减少输入工作量，提高输入速度

5. 用友软件中，设置会计科目包括(　　)。

A. 建立会计科目　　B. 修改会计科目

C. 删除会计科目　　D. 指定会计科目

6. 用友软件中，“银行存款”科目通常会选择(　　)辅助核算。

A. 日记账　　B. 银行账

C. 外币核算　　D. 客户往来

四、操作题

实验二　基础设置

实验准备

将系统日期修改为“2008 年 1 月 1 日”。引入“我的文档”中的“碧海账套备份”文件夹中“系统管理”的账套备份数据。

实验资料

1. 部门档案

部门编码	部门名称
1	行政部
2	财务部
3	生产部
4	市场部
401	供应部
402	销售部

2. 职员档案

职员编码	职员姓名所属部门	
1	齐鲁	行政部
2	张三	财务部
3	李四	财务部
4	王五	财务部
5	齐燕	生产部
6	杨柳	供应部
7	李婷	销售部

3. 客户分类

类别编码	类别名称
1	本地
101	大客户
102	小客户
2	外地
201	大客户
202	小客户

4. 客户档案

客户编码	客户简称	所属分类
01	三维集团	101
02	永济百货	102
03	四通公司	201
04	豪门酒店	202

5. 供应商档案

供应商编码	供应商简称	所属分类
01	光明公司	00
02	远大集团	00

6. 结算方式

结算方式编码	结算方式名称
1	支票结算
101	现金支票
102	转账支票
2	银行汇票

7. 会计科目设置

(1)“1001 库存现金”为现金总账科目,“1002 银行存款”为银行总账科目。

(2)增加会计科目。

科目编码	科目名称	辅助账类型
100201	工行存款	日记账、银行帐
160401	人工费	项目核算
160402	材料费	项目核算
160403	管理费	项目核算
222101	应交增值税	
22210101	进项税额	
22210103	转出未交增殖税	
222101005	销项税额	
222102	未交增值税	
222106	应交所得税	
222108	应交城建税	
222114	教育费附加	
660201	职工薪酬	部门核算
660202	办公费	部门核算
660203	差旅费	部门核算
660203	折旧费	部门核算

(3)修改会计科目

科目编码	科目名称	辅助账类型
1122	应收账款	客户往来
1221	其他应收款	个人往来
1403	原材料	数量核算(单位:千克)
1405	原材料	数量核算(单位:件)
1604	在建工程	项目核算
2202	应付账款	供应商往来
6001	主营业务收入	数量核算(单位:件)
6002	主营业务成本	数量核算(单位:件)

8. 项目核算

项目大类	项目分类		项目维护	
	编号	名称	项目编号	项目名称
在建工程	1	生产类	01	初加工车间
			02	精加工车间
	2	非生产类	03	办公大楼主体工程

9. 凭证类别

类别名称	限制类型	限制科目
收款凭证	借方必有	1001,1002
付款凭证	贷方必有	1001,1002
转帐凭证	凭证必无	1001,1002

实验要求

1. 在“系统设置”中启用“总账”系统(启用日期为 2008 年 1 月 1 日)。
2. 设置部门档案。
3. 设置职员档案。
4. 设置客户分类。
5. 设置客户档案。
6. 设置供应商档案。
7. 设置供应商档案。
8. 指定会计科目。
9. 设置会计科目。
10. 设置结算方式。
11. 设置凭证类别。
12. 设置项目目录。
13. 账套备份(备份至“我的文档”\碧海账套备份\基础设置)。

第五章　总账系统

一、判断题

1. 输入期初余额时，上级科目的余额和累计发生数据需要手工输入。(　)

2. 填制凭证时，金额不能为“零”，红字以“－”号表示。(　)

3. 结账实际上就是指计算和结转各账簿的本期发生额和期末余额，并终止本期的账务处理工作。(　)

4. 银行对账只能可以采用自动对账的方式。(　)

5. 科目一经使用，即已经输入凭证后，不允许修改或删除该科目。(　)

6. 对已经输入但未登记会计账簿的机内记账凭证应提供修改和审核的功能，审核通过后还可以对机内记账凭证进行修改。(　)

7. 对于机内会计账簿生成的会计报表数据，会计软件应该提供直接修改功能。(　)

8. 会计软件应当具有对机内会计数据进行查询的功能。数据查询功能应满足国家统一的会计制度规定的内容和格式要求。(　)

9. 会计核算软件的数据处理功能应当具有自动进行银行对账并自动生成银行存款余额调节表的功能。(　)

10. 结账后，不允许再输入上一会计期间的会计凭证。(　)

二、单选题

1. 结账操作每月可进行(　)次。

A. 一次　　B. 二次　　C. 三次　　D. 多次

2. 已审核未记账的凭证，修改方法为(　)。

A. 不能修改　　B. 直接修改

C. 先作废，后修改　　D. 先取消审核再修改

3. 建期初余额的目的是将手工会计业务，转入计算机处理，使两者之间的(　)具有连续性和继承性。

A. 账页　　B. 日期　　C. 科目　　D. 账目

4. 账务系统中，记账凭证的编号应(　)。

A. 由计算机自动编号　　B. 编号必须连续

C. 如果分类，应分类编号　　D. 以上全部

5. 记账操作每月可进行(　)次。

A. 一次　　B. 二次　　C. 三次　　D. 多次

6. 关于结账操作，下列说法错误的是(　)。

A. 结账只能由有结账权限的人进行

B. 结账后，不能输入凭证

C. 本月还有未记账凭证时，本月不能结账

D. 结账必须按月连续进行，上月未结账，则本月不能结账

第一篇

三、多选题

1. 下列关于凭证审核和记账操作，说法错误的是(　　)。

A. 凭证审核需先重新注册更换操作员，由具有审核权限的操作员来进行。

B. 凭证只能逐张审核，不能成批审核

C. 记账操作每月可多次进行

D. 上月未记账，本月同样可以记账。

2. 结账前要进行的检查包括(　　)。

A. 检查本月业务是否全部记账，有未记账凭证不能结账

B. 月末结转必须全部生成并已记账，否则本月不能结账

C. 检查上月是否已结账，如果上月未结账，则本月不能结

D. 核对总账与明细账、主体账与辅助账、总账系统与其他子系统的数据是否已经一致，如果不一致，则不能结账

3. 在输入记账凭证的过程中，会计核算软件必须提供以下提示功能(　　)。

A. 正在输入的记账凭证编号是否与输入的机内记账凭证编号重复

B. 以编号形式输入会计科目的，可不提示该编号所对应的会计科目名称

C. 正在输入的记账凭证中的会计科目，当借贷双方金额不平衡，或没有输入金额时，应提示并拒绝执行

D. 正在输入的记账凭证有借方会计科目而无贷方会计科目或者有贷方会计科目而无借方会计科目的，应可以保存

4.《会计核算软件基本功能规范》中对记账凭证的编号有以下(　　)规定。

A. 同一类型的记账凭证必须保证当月凭证编号的连续

B. 同一类型的记账凭证当月凭证编号可以不连续

C. 不可以由键盘手工输入凭证编号

D. 可以由会计核算软件自动产生凭证编号

5. 用友软件中，填制凭证的功能通常包括(　　)。

A. 增加凭证　　　　B. 修改凭证

C. 删除凭证　　　　D. 查询凭证

6. 用友软件中，填制凭证时输入会计科目的方法有(　　)。

A. 输入科目编码　　　　B. 输入科目名称

C. 输入助记码　　　　D. 选择输入

7. 用友软件中，"银行存款"科目通常会选择(　　)辅助核算。

A. 日记账　　　　B. 银行账

C. 外币核算　　　　D. 客户往来

四、操作题

实验三　总账初始化

实验准备

将系统日期修改为"2008 年 1 月 1 日"。引入"我的文档" 中的"碧海账套备份"文件夹中"基础设置"的账套备份数据。实验资料

1. 设置总帐系统参数

不允许修改、作废他人填制的凭证。

2. 总账期初余额

科目编码	科目名称	余额方向	余额
1001	库存现金	借	10 300
100201	工行存款	借	110 000
1012	其他货币资金	借	15 000
1101	交易性金融资产	借	15 000
1121	应收票据	借	30 000
1231	坏账准备	借	900
1123	预付账款	借	50 000
1403	原材料	借	50 000(数量:1000 千克)
1405	库存商品	借	150 000(数量:750 件)
1601	固定资产	借	550 000
1602	累计折旧	贷	40 000
2001	短期借款	贷	30 000
2203	预收账款	贷	275 400
2211	应付职工薪酬	贷	100 000
4001	实收资本	贷	530 000
4002	资本公积	贷	150 000
4101	盈余公积	贷	301 000

3. 应收账款余额

日期	单位名称	摘要	方向	金额
2007-12-31	三维集团	销货款	借	10 000
2007-12-31	四通公司	销货款	借	10 000
2007-12-31	永济百货	销货款	借	10 000

4. 个人往来余额

日期	部门	摘要	方向	金额
2007-12-31	行政部齐鲁	出差预借差旅费	借	2 000

5. 应付帐款余额

日期	单位名称	摘要	方向	金额
2007-12-31	光明公司	购货款	贷	20 000
2007-12-31	远大集团	购货款	贷	25 000

6. 项目核算余额

日期	项目名称	摘要	方向	金额		
				人工费	材料费	管理费
2007－12－31	初加工车间	在建工程	借	10 000	150 000	2 500
2007－12－31	精加工车间	在建工程	借	15 000	150 000	3 000
2007－12－31	办公大楼主体工程	在建工程	借	25 000	300 000	4 500

7. 常用摘要

编号	摘要	相关科目
1	提取现金	1001
2	出差借款	

8. 常用凭证

编号	摘要	凭证类型	会计科目
1	向三维集团赊销商品	转账凭证	1122,6001,22210105
2	收到四通公司前欠货款,存入工行	收款凭证	100201,1122

实验要求

1. 设置系统参数。
2. 录入期初余额。
3. 设置常用摘要。
4. 设置常用凭证。
5. 账套备份(备份至“我的文档”\“碧海账套备份”\总账初始化)。

实验四　总账日常帐务处理

实验准备

将系统日期修改为“2008 年 1 月 31 日”。引入“我的文档” 中的“碧海账套备份”文件夹中“总账初始化”的账套备份数据。

实验资料

2008 年 1 月发生的会计业务

1. 1 日,向三维集团赊售商品一批,数量 600 件,单价 500 元,增值税 51 000 元。

2. 3 日,出售短期债券,售价 16 500(账面价 15 000 元),存入工行,取得转账支票一张,票号 1001。

3. 4 日,提前贴现商业承兑汇票(票面价 30 000 元),贴现额为 26 910,收到转账票一张,(票号 1002),存入工行。

4. 5 日,提取现金 100 000 元(现金支票,票号 2001)。

5. 5 日,用现金发放工资 100 000

6. 6 日,齐鲁出差回来报销差旅费 3000 元(预借 2000 元),差额用现金补足。

7. 6 日,用预付账款 50 000 元向光明公司采购材料,价值 50 000 元(数量 1000 千克,单价 50 元),增殖税 8 500 元,余额用工行存款转账结算(票号 3001)。材料入库。

8. 8 日,生产领用材料,数量 1000 千克,单价 50 元。

9. 9 日,向四通集团销售商品,数量 100 件,单价 500 元,增殖税 8 500 元,收到转账支票一张,票号 1003。

10. 30 日,用转账支票归还短期借款本金 30 000 元,利息 1000,票号 3002。

11. 30 日,支付展览费用 1 000 元(转账支票,票号:3003)。

12. 30 日,预提短期借款本月利息 1500 元。

13. 30 日,张三出差预借差旅费 1 000 元,用现金预付。

实验要求

1. 填制凭证。

2. 审核凭证。

3. 出纳签字。

4. 修改第 6 号付款凭证的金额为 800 元。

5. 记账。

6. 删除第 3 号转帐凭证并整理段号。

7. 查询已记帐的第 7 号付款凭证。

8. 冲销已记账的第 7 号付款凭证并进行"出纳签字"、"审核"和"记账"。

9. 账套备份(备份至"我的文档"\"碧海账套备份"\总账日常账务处理)。

实验五　现金管理

实验准备

将系统日期修改为"2008 年 1 月 3 日"。引入"我的文档"\"碧海账套备份"\"总账日常账务处理"的账套备份数据。

实验资料

1. 银行对账期初数据

单位日记帐期初余额为 110 000 元,银行对账单期初余额为 105 000 元,有企业已收而银行未收的未达账(2007 年 12 月 30 日)5 000 元。

2. 2008 年 1 月银行对账单

日期	结算方式	票号	借方金额	贷方金额	余额
2008－01－03	102	1001	16 500		121 500
2008－01－04	102	1002	26 910		148 410
2008－01－05	101	2001		100 000	48 410
2008－01－06	102	3001		8 500	39 910
2008－01－09	102	1003	58 500		98 410
2008－01－30	102	3002		310 000	67 410

实验要求

1. 查询日记账

2. 录入银行对账期初数据
3. 录入银行对账单
4. 自动对账
5. 手工对账
6. 编制余额调节表
7. 核销已达账
8. 核销银行帐
9. 账套备份(备份至“我的文档”\“碧海账套备份”\现金管理)。

实验六　期末处理

实验准备

将系统日期修改为“2008 年 1 月 31 日”。引入“我的文档” 中的“碧海账套备份”文件夹中“现金管理”的账套备份数据。

实验资料

1. 月末计提坏账准备(计提比例 5%)。
2. 将本月应交未交增殖税转入“应交税费——未交增值税”。
3. 按本月应交增殖税的 7% 和 3% 计提城市维护建设税和教育费附加。
4. 结转本月销售成本(销售数量 700 件,售价 500 元)。
5. 将“期间损益”转入“本年利润”。
6. 期末计算结转企业所得税。
7. 将企业所得税结转到“本年利润”。

实验要求

1. 定义转账分录。
2. 生成机制凭证并审核、记账。
3. 对账。
4. 结账。
5. 账套备份(备份至“我的文档”\“碧海账套备份”\期末处理)。

实验七　会计数据综合查询

实验准备

将系统日期修改为“2008 年 1 月 1 日”。引入“我的文档” 中的“碧海账套备份”文件夹中“期末处理”的账套备份数据。

实验资料

1. 查询“1002 银行存款”总帐。
2. 查询“余额表”并联查专项资料。
3. 查询行政部管理费用支出。
4. 账套备份(备份至“我的文档”中的“碧海账套备份”|会计查询)。

第六章　账务报表系统

一、选择题

1. 用友财务报表系统中，QM( )函数的含义是，取(　　)数据。

A. 期初余额　　B. 期末余额　　C. 借方发生额　　D. 贷方发生额

2. 用友软件中，下列属于报表数据处理功能的是(　　)。

A. 生成报表数据　　B. 设置关键字　　C. 报表审核　　D. 表页排序

3. 用友软件中，下列(　　)单元的数据不是在格式状态下输入和修改的。

A. 表样单元　　B. 数值单元　　C. 日期单元　　D. 字符单元

4. 一个报表的标题包括下列(　　)

A. 报表名称　　B. 报表编制日期　　C. 编制单位　　D. 使用货币单位

5. 有关报表系统中单元属性叙述正确的是(　　)

A. 字符单元输入后只对本表页有效

B. 格式状态下输入内容的单元均默认为表样单元

C. 表样单元输入后对所有表页有效

D. 数值单元输入后只对本表页有效

二、判断题

1. 用友报表系统中，数值单元的内容只能通过计算公式生成。(　　)

2. 用友报表系统中，用户可以根据自己的需要设置相应的关键字。(　　)

3. 财务报表中舍位平衡公式中可以使用如“+”“/”“*”等任何运算符号。(　　)

4. 会计报表的表头包括:标题、报表编制单位、日期、计量单位和报表编号等内容。(　　)

5. 会计报表的表元中填写的数据是报表中具有完整意义的最小信息单位。(　　)

6. 会计报表中的数据都可直接用会计科目的余额或发生额填列。(　　)

7. 会计报表定义过程中，可以根据需要设置适当的字形和字体。(　　)

8. 会计报表处理系统中，如果报表审核没有通过，首先应检查审核公式是否正确。(　　)

9. 财务报表中，日期关键字可以确认报表数据取数的时间范围，即确定数据生成的具体日期。(　　)

10. 会计报表软件的工作流程可分为四步，即报表格式及数据处理公式设置、报表名称登记、报表编制、报表输出。(　　)

三、操作题

实验八　自行设计报表

实验准备

将系统日期修改为“2008 年 1 月 1 日”。引入“我的文档”中的“碧海账套备份”文件夹中“会计数据综合查询”的账套备份数据。

实验资料

1 报表内容

	A		B
1		利润表	
2	单位名称:	年 月	单位:元
3	项目		本月数
4	一、营业收入		
5	减:营业成本		
6	营业税金及附加		
7	销售费用		
8	管理费用		
9	财务费用		
10	资产减植损失		
11	加:公允价值变动损益(损失以“-”填列)		
12	投资收益(损失以“-”填列)		
13	二、营业利润(亏损以“-”填列)		
14	加:营业外收入		
15	减:营业外支出		
16	三、利润总额		
17	减:所的税费用		
18	四、净利润(亏损以“-”填列)		

2. 报表中的计算公式(公式的输入应在英文状态下)

位置	单位公式
B4	FS(“6001”,月,“贷”,,年)+FS(“6051”,月,“贷”,,年)
B5	FS(“6401”,月,“借”,,年)+FS(“6402”,月,“借”,,年)
B6	FS(“6403”,月,“借”,,年)
B7	FS(“6601”,月,“借”,,年)
B8	FS(“6602”,月,“借”,,年)
B9	FS(“6602”,月,“借”,,年)
B10	FS(“6701”,月,“借”,,年)
B11	FS(“6101”,月,“借”,,年)
B12	FS(“6111”,月,“借”,,年)
B13	B5-B6-B7-B8-B9-B10-B11
B14	FS(“6301”,月,“贷”,,年)
B15	FS(“6711”,月,“借”,,年)
B16	B13+B14-B15
B17	FS(“6801”,月,“借”,,年)
B18	B16-B17

实验要求

1. 设计利润表的格式。

2. 按新会计制度设计利润表的计算公式。

3. 保存报表格式至“我的文档”\碧海账套备份\报表格式设计。

4. 生成自制利润表的数据。

5. 将已生成的自制利润表另存至“我的文档”\碧海账套备份1月份利润表。

实验九　报表格式设计

实验准备

将系统日期修改为“2008年1月1日”。引入“我的文档” \碧海账套备份\会计数据综合查询的账套备份数据。

实验要求

1. 利用已学的会计知识,自行设计资产负债表的报表模板并生成碧海云天1月31日的资产负债表"。

2. 保存"资产负债表" 至"我的文档"\碧海账套备份　1月份资产负债表。

第七章　固定资产管理系统

一、名词解释

1. 卡片项目

2. 原始卡片

3. 批量制单

二、单选题

1. 固定资产核算系统中，设置部门对应折旧科目所指的科目是(　　)

A. 成本或费用科目　　B. 累计折旧科目　　C. 固定资产科目　　D. 任意科目

2. 如果上次计提折旧已制单并把数据传递到账务系统，则必须(　　)该凭证才能重新计提折旧。

A. 冲销　　B. 修改　　C. 删除　　D. 都可以

3. 资产减少的恢复功能适用于(　　)资产。

A. 所有　　B. 当月减少　　C. 以前减少　　D. 都不对

4. 固定资产管理系统中，信息查询输出功能可以输出固定资产(　　)

A. 卡片　　B. 明细账　　C. 折旧表　　D. 以上全部

5. 在账套开始计提折旧(　　)才可使用资产减少

A. 前　　B. 后　　C. 都可　　D. 都不可

6. 固定资产管理系统中执行(　　)操作后，才能开始处理下月业务

A. 生成凭证　　B. 账簿输出　　C. 结账　　D. 对账

7. 固定资产管理系统的主要任务包括计算、汇总和分配固定资产的(　　)

A. 生产成本　　B. 工作时间　　C. 原值　　D. 折旧费用

8. 下列关于固定资产管理系统的表述错误的是(　　)

A. 固定资产管理子系统支持固定资产购建、投资转入、捐赠、融资租赁、出售、报废、损毁等核算；

B. 支持多种折旧方法：平均年限法、工作量法、双倍余额递减法、年数总和法以及自定义方法等；

C. 支持外币核算；

D. 在固定资产管理子系统中完成折旧计算后，需通过账务处理子系统完成有关凭证的录入。

三、多选题

1. 计提折旧时，如果自定义折旧方法的月折旧额或率出现负数，系统将(　　)折旧计提

A. 继续　　B. 等待用户设置

C. 自动终止　　D. 不需用户手动终止

2. (　　)可在固定资产核算系统中查询得到。

A. 帐簿　　B. 折旧表　　C. 汇总表　　D. 分析表

3. 固定资产在使用过程汇总，发生( )称之为资产减少。

A. 抵押　　B. 毁损　　C. 出售　　D. 盘亏

4. 属于资产变动的有(　　)

A. 原值增加减少　　B. 折旧方法调整　　C. 使用年限调整　　D. 工作总量调整

四、判断题

1. 固定资产减少功能可以随时调用。(　　)

2. 固定资产系统与账务系统可以进行对账，确保数据的一致性(　　)

3. 固定资产管理系统和账务系统对账不平，则无法进行期末结账(　　)

4. 固定资产核算系统中，新录入系统的固定资产在录入当月都不提折旧(　　)

5. 用友财务通固定资产管理系统不支持整套账不提折旧(　　)

6. 固定资产管理系统核算结果自动生成记账凭证传递给财务处理子系统(　　)

7. 折旧汇总周期总是以一个月为单位。(　　)

8. 使用固定资产核算系统可以不计提折旧。(　　)

9. 固定资产核算系统的部门设置可以共享其他部门的设置。(　　)

10. 系统各种变动后，计算折旧时自动调整以前的累计折旧。(　　)

五、简答题

1. 固定资产管理系统与其他系统的关系如何?

2. 如何进行固定资产管理系统的初始化设置?

3. 简述固定资产管理系统的业务处理流程?

4. 固定资产日常业务处理分为哪几个步骤?

六 操作题:

实验十　固定资产管理

实验准备

将系统日期修改为"2008 年 1 月 1 日"。引入"我的文档" ”碧海账套备份"”总帐初始化"的账套备份数据。启用固定资模块,启用日期:2008 年 1 月 1 日。

实验资料

1. 008 账套固定资产系统的参数

本账套计提折旧:按平均年限法(一)计提折旧,折旧分配周期为 1 个月;当(月初已计提月份 = 可使用月份 - 1)时将剩余折旧全部提足。类别编码方式为:2112。

固定资产编码方式:自动编码(类别编码 + 序号);序号长度为:5。

要求固定资系统与总账进行对账。固定资产对账科目:1601 固定资产;累计折旧对账科目为:1602 累计折旧;在对账不平情况下不允许固定资产月末结账。

2. 固定资产选项设置

设置与账务系统的接口:固定资产缺省入账科目:1601;累计折旧缺省入账科目:1602。

3. 部门对应科目

部 门 名 称	对 应 折 旧 科 目
行政部、财务部、供应部	管理费用
生产部	制造费用
销售部	管理费用

4. 固定资产类别

类别编码	类别名称	使用年限	净残值率	计提属性	折旧方法	卡片样式
01	机器设备	平均年限法(一)	通用样式			
011	生产设备	10	3%	正常计提	平均年限法(一)	通用样式
012	办公设备	5	3%	正常计提	平均年限法(一)	通用样式
02	房屋及建筑物	平均年限法(一)	通用样式			
021	办公楼	30	5%	正常计提	平均年限法(一)	通用样式
022	厂房	10	5%	正常计提	平均年限法(一)	通用样式

5. 增减方式和对应科目

增加方式	对应入账科目	减少方式	对应入账科目
直接购入	工行存款(100201)	出售	固定资产清理(1606)
盘盈	以前年度损益调整(6901)	盘亏	以前年度损益调整(6901)
在建工程转入		报废	固定资产清理(1606)
投资者投入	实收资本(4001)	投资转出	长期股权投资－其他股权投资(1511)

6. 日常业务处理

(1)1 月 10 日,某外商投入 2 号生产线,价值 16 万元,投入使用。

(2)1 月 20 日,生产部初加工车间车间竣工验收交付使用(总价值 162 500 元,其中人工费 10000 元,材料费 150 000 元,管理费 2500 元)。

实验要求

1. 建立固定资产子账套。
2. 录入原始卡片。
3. 修改固定资产卡片。
4. 增加固定资产,并生成凭证。
5. 计提 1 月份折旧,并生成凭证。
6. 账套备份(备份至"我的文档" / 碧海账套备份/ /固定资产")。

第八章 工资管理系统

一、名词解释

1、工资项目

2、银行代发

3、工资分摊

二、单选题

1. 设置工资项目属于工资系统(　)

A. 数据维护 B. 期末业务处理 C. 日常业务处理 D. 系统初始化

2. 企业在使用工资管理系统之前，应对企业的(　)进行整理、分类和编码。

A. 固定资产 B. 部门和人员 C. 材料 D. 产品

3. 在工资管理系统中，进行多工资类别管理时，若新增工资项目，应(　)工资类别

A. 打开 B. 关闭 C. 删除 D. 创建

4. 职工工资中的变动项目是指每月都会发生变化的工资项目，如(　)

A. 基本工资 B. 交通补贴 C. 加班工资 D. 职务工资

5. 在工资管理系统中，不能与其它系统共享，需要在本系统中单独设置的基础档案是(　)

A 凭证类别 B. 人员档案 C. 部门档案 D. 会计科目

三、多选题

1. 在工资核算系统中的基础信息设置包括(　)

A. 人员类别设置　　B. 工资项目设置 C. 银行名称设置 D. 人员档案设置

2. 以下(　)是工资账必不可少的项目

A. 应发合计 B. 扣款合计 C. 实发合计 D. 奖金

3. 下列内容中，(　)属于工资管理系统中的日常业务处理。

A. 银行代发 B. 扣缴所得税 C. 工资分摊 D. 工资变动

4. 工资管理系统主要与(　)存在数据传递关系

A. 总帐系统 B. 成本管理系统 C. 固定资产管理系统 D. 应收应付管理系统

四、判断题

1. 工资管理系统中，工资项目定义要核算的项目内容既可定义成是数值型又可定义成是文字型(　)

2. 工资管理系统中，一旦工资项目中有数据存在，在删除已定义的工资项目时，会造成现有数据的丢失。(　)

3. 工资管理系统的日常处理工作中需录入的工资数据就是由工资计算公式得到的数据(　)

4. 工资管理系统初始化中的部门编码和职工类型编码是必设内容。(　)

5. 工资管理系统能自动生成个人所得税扣缴申报表。(　)

6. 工资管理系统在月末结账时，会自动将每月发生变化的工资项目清零。(　)

7. 工资管理系统中，应先设置工资项目，再进行公式设置。(　)

8. 工资管理系统核算的结果通常需要通过凭证录入方式进入账务处理系统。(　)
9. 在工资管理系统进行部门设置时，人员的数据录入可以直接在上级部门中录入。(　)
10、工资管理是会计管理系统中一个相对独立的专项管理子系统。(　)

五、简答题

1. 工资管理系统主要包括那些功能？各功能所起的作用是什么？
2. 工资管理初始化的功能模块在整个工资管理系统中起什么作用？应该如何去做初始化？
3. 工资管理日常业务处理的步骤？
4. 如何进行工资分摊的操作？
5. 工资管理系统与其它系统的关系？

六、操作题

实验十一　工资管理

实验准备

将系统日期修改为“2008 年 1 月 1 日”。引入“我的文档”\“碧海账套备份”\“总帐初始化”的账套备份数据。以账套主管“张三”身份启用工资管理系统，启用日期 2008 年 1 月。

实验资料

1. 设置工资套信息：

工资类别个数：单个；核算币种：人民币 RMB；要求代扣个人所得税；不进行扣零处理。人员编码长度：3 位

2. 基础信息初始化设置：

(1)人员类别设置：管理人员、生产人员、采购人员、销售人员。

(2)人员附加信息设置：性别、身份证号码。

(3)增加工资项目设置：

项目名称	类型	长度	小数位数	工资增减项
基本工资	数字	8	2	增
岗位补贴	数字	8	2	增
奖金	数字	8	2	增
交通补贴	数字	8	2	增
养老保险金	数字	8	2	减
住房公积金	数字	8	2	减
事假扣款	数字	8	2	减
事假天数	数字	8	2	其他

(4)银行名称设置：浦发银行(账号 11 位，前 7 位数字相同录入时需要自动带出)。

(5)部门档案设置：1 行政部；2 财务部；3 生产部；4 采购部；5 销售部；

5. 建立工资类别并进行业务处理：

(1)工资类别：碧海去天(单个)

(2)部门选择：所有部门

(3)人员档案见下表(所有人员均为中方人员，工资计税)：

部门名称	编号	人员姓名	性别	人员类别	身份证号码	账号	中方人员	是否计税
行政部	101	赵刚利	男	管理人员	220223701124130	88888880001	是	是
	102	孙洪文	男	管理人员	466447852114441	88888880004	是	是
财务部	201	李青华	男	管理人员	101221695511005	88888880002	是	是
	202	吴菲	女	管理人员	141255004410415	88888880003	是	是
生产部	301	刘云丽	女	生产人员	45541851475255	88888880006	是	是
	302	齐华	女	生产人员	588511104552225	88888880007	是	是
采购部	401	杨宏伟	男	采购人员	555211511445525	88888880008	是	是
	402	刘刚强	男	采购人员	1401057002150854	88888888809	是	是
销售部	501	郭洪亮	男	销售人员	555444112545451	888888800109	是	是
	502	王芳	女	销售人员	144115512555515	888888800111	是	是

(4)工资项目依次选择:基本工资、岗位初贴、奖金、交通补贴、应发合计、养老保险金、住房公积金、事假扣款、代扣税、扣款合计、实发合计、事假天数。

(5)计算公式设置:

岗位补贴:管理人员 300 元,其他人员 100 元。

交通补贴:管理人员 500 元,其他人员 200 元。

养老保险金按 20% 计提、住房公积金按 8% 计提。

事假扣款:基本工资/22 * 事假天数。

(6)录入人员基本工资及奖金数据:

人员编号	人员姓名	基本工资	奖金
101	赵刚利	3000	500
102	孙洪文	2680	300
201	李青华	2800	300
202	吴菲	2000	200
301	刘云丽	3500	300
302	齐华	2000	200
401	杨宏伟	4000	300
402	刘刚强	2600	200
501	郭洪亮	2000	300
502	王芳	1500	200

(7)1 月份工资变动情况如下:

① 考勤记录情况:王芳请事假 2 天,刘云丽请事假 3 天,其他人员满勤。

② 因去年销售部推广产品业绩较好,销售部每人增加奖金 300 元。

③ 因工作需要,经研究决定,招聘张力群到销售部工作,以补充技术力量,加快先进技

术的开发，确定其基本工资3000元，无奖金。张力群资料如下：

编号:504 类别:销售人员 代发工资银行账号:88888880013

(8)按应发合计作为计算个人所得税的标准，扣税标准为2000元。

(9)月末工资分摊及进行养老保险、住房公积金的分摊设置。

(10)月末处理:将有关项目清零，并进行结账。

实验要求

1. 建立工资账套
2. 基础设置
3. 设置工资项目
4. 设置人员档案
5. 设置计算公式
6. 进行工资核算和管理
7. 录入并计算1月份的工资数据
8. 扣缴所得税
9. 分摊工资、养老保险金、住房公积金并生成转账凭证
10. 月末处理
11. 账套备份(备份至"我的文档"/碧海账套备份/工资)。

第二篇 模块练习

模块一 系统设置

实验准备

安装用友通标准版试用版 10.3。将系统日期改为 2008 年 1 月 31 日。

实验资料

1 操作员

编号	姓名	口令	权限
301	操作学生姓名	301	全部权限(所有凭证必须由账套主管进行审核和记账)
302	张林	302	具有除出纳签字、审核、记账、恢复记帐前状态外的所有总帐权限
303	王晓	303	具有总帐中出纳签字权限和现金管理模块的所有权限

2. 账套信息

账套号:300

账套名称:喜来登有限公司

账套路径:采用系统默认路径

启用会计日期:2008/01

3 . 本单位信息

单位名称:喜来登有限公司

纳税人登记号:110220330001

4. 核算信息

企业类型:工业企业

行业性质:2007 年度新会计制度

账套主管:为操作学生姓名

按行业预制会计科目。

5. 基础信息

客户、供应商和存货均不分类，无外币核算。

6. 业务流程

采购流程和销售流程均采用标准流程

7. 编码方案

科目编码级次:42222 部门编码级次:222 结算方式编码级次:12

其他默认

7. 数据精度:均为二位小数

8. 创建账套时

启用总帐、工资、固定资产系统。

实验要求

1. 设置操作员
2. 建立该公司 2008 年账套
3. 设置操作员权限
4. 账套备份(备份至"我的文档\账套备份\系统设置")。

模块二　基础设置

实验准备

引入模块一的有关资料。

实验资料

部门编码	部门名称
01	批发部
02	行政部
03	财务部
04	生产部

2. 职员档案

编号	姓名	所属部门
0101	张丹	01 批发部
0102	李宁	01 批发部
0201	胡月	02 行政部
0301	操作学生姓名	03 财务部
0302	张林	03 财务部
0303	王晓	03 财务部
0401	李力	04 生产部

3 . 客户档案

编号	客户简称	所属分类
K1	北方公司	000(无)
K2	南方公司	000(无)

4. 供应商档案

编号	供应商简称	所属分类
G1	思创公司	000(无)
G2	翠苑集团	000(无)

5 . 凭证类别:

类别名称	限制类型	限制科目
收款凭证	借方必有	1001, 1002
付款凭证	贷方必有	1001, 1002
转帐凭证	凭证必无	1001, 1002

6. 科目设置

(1)指定会计科目

"1001 库存现金"为现金总帐科目,"1002 银行存款"为银行总帐科目。

(2)增加会计科目

科目编码	科目名称	辅助账类型
170101	土地使用权	
222101	应交增值税	
22210101	进项税额	
22210103	转出未交增值税	
22210105	销项税额	
222102	未交增值税	
222104	应交城市维护建设税	
222105	教育费附加	
222108	应交所得税	
660201	职工薪酬	部门核算
660202	业务招待费	部门核算
660203	差旅费	部门核算
660204	折旧费	部门核算

(3)修改会计科目

科目编码	科目名称	辅助账类型
1122	应收账款	客户往来(无受控系统)
1221	其他应收款	个人往来
1604	在建工程	项目核算
2202	应付账款	供应商往来(无受控系统)
6602	管理费用	部门核算

“1221 其他应收款”辅助账类型为“个人往来”“1122 应收账款”“辅助账类要“客户往来”(无授权)“2202”辅助账类型为供应商往来(无受系统);“1604 在建工程”科目辅助账类型为项目核算。“6602 管理费用”辅助账类型为部门核算。

7. 结算方式

编号	结算方式
1	现金结算
2	支票结算
201	现金支票结算
2102	转账支票结算

8. 项目管理

项目大类:在建工程

核算科目:在建工程各明细

项目结构:项目编码, 项目名称, 是否结算,所属分类码,开工日期, 完工日期

项目分类：1 厂房，2 职工宿舍

项目目录：101 新厂房，所属分类 1 厂房；201 职工宿舍三号楼，所属分类 2 职工宿舍。

实验要求

1. 设置部门档案
2. 设置客户档案
3. 设置供应商档案
4. 设置凭证类别
5. 设置明细科目
6. 设置项目目录
7. 账套备份（备份至“我的文档\账套备份\基础设置”）。

模块三　总账初始化

实验准备

引入模块二的有关资料

实验资料

（一）初始设置

不允许修改、作废他人填制的凭证

（二）总帐期初余额

科目编码	科目名称	方向	辅助核算	期初余额
1001	库存现金	借	日记账	100 000
1002	银行存款	借	日记账、银行账	300 000
1601	固定资产	借		100 000
1602	累计折旧	贷		20 000
2001	短期借款	贷		100 000
2211	应付职工薪酬	贷		50 000
222105	教育费附加	贷		50 000
2501	长期借款	贷		94 600
4001	实收资本			200 000

（三）应收账款期初余额

日期	客户	摘要	方向	金额
2007－12－31	北方公司	应收销货款	借	30 000

（四）个人往来期初余额

日期	部门	个人	摘要	方向	金额
2007－12－31	批发部	李宁	预借差旅费	借	600

（五）应付账款期初余额

日期	供应商	摘要	方向	金额
2007－12－31	思创公司	应付购货款	贷	16 000

实验要求

1. 总账系统参数设置
2. 明细权限设置
3. 期初余额设置
4. 账套备份（备份至“我的文档/账套备份/总账初始化”）

模块四　总账日常帐务处理

实验准备

引入模块三的有关资料。

实验资料

（一）常用摘要

摘要编码	摘要内容
1	提取现金
2	向北方公司赊销商品
3	偿还欠思创公司的欠款

（三）常用凭证

摘要：从银行提取现金；凭证类别：付款凭证；科目编码：1001 和 1002。

（四）一月份发生的经济业务

1　1月1日提取现金1000元。

付－1　借：1001 库存现金　　1000

　　　　贷：1002 银行存款　　1000（201 现金支票 1111）

2　1月2日财务部报销业务招待费2000元。

付－2　借：660202 管理费用－业务招待费（财务部）　　2000

　　　　贷：1001 库存现金　　2000

3　1月3日向北方公司赊销商品一批。

转－1　借：1122 应收账款——北方公司　　117 000（业务员张丹，票号 2221）

　　　　贷：6001 主营业务收入　　100 000

　　　　　　22210105 应交税费——应交增值税（销项税额）17 000

4　1月4日购入翠苑集团材料一批，价款50 000元，税金8500元，款未付。

转－2　借：1403 原材料　　50 000

22210101 应交税费——应交增值税(进项税额)　8 500
贷:2202 应付账款——翠苑集团　58 500

5　1月5日，偿付欠思创公司货款16 000元。

付-3　借:220201 应付账款——思创公司　16 000
贷:1002 银行存款　16 000(202 转账支票结算 1211)

6　1月6日批发部李宁出差借款。

付-4　借:1221 其他应收款——李宁　2 000(批发部，李宁)
贷:1001 库存现金　2 000

7　1月10日，以银行存款支付前欠翠苑集团货款58 500元。

付-5　借:2202 应付账款 ——翠苑集团　58 500
贷:1002 银行存款　58 500(202 转账支票结算 1212)

8　1月10日收到北方公司还款。

收-1　借:1002 银行存款　117 000(202 转账支票结算 1213)
贷:1122 应收账款——北方公司　117 000
(北方公司，业务员张丹，票号2222)

9　1月10日以支票购入食堂用具用品。

付-6　借:2211 应付职工薪酬　800
贷:1002 银行存款　800(201 现金支票结算 1112)

10　1月15日购入商品，价款30 000元，增值税5100元，货款已付。

付-7　借:1403 原材料　30 000
22210101 应交税费——应交增值税(进项税额)　5 100
贷:1002 银行存款　35 100(202 转账支票 1214)

11　1月15日支付银行结算手续费。

付-8　借:6603 财务费用　60
贷:1002 银行存款　60(3 其他结算方式)

14　1月15日从当地政府购入土地使用权。

付-9　借:170101 无形资产——土地使用权　180 000
贷:1002 银行存款　180 000(202 转账支票 1215)

15　1月15日提取现金用以发放工资。

付-10　借:1001 库存现金　50 000
贷:1002 银行存款　50 000(201 现金支票结算 1113)

16　提现当日发放工资.

付-11　借: 2211 应付职工薪酬　50 000
贷:1001 库存现金　50 000

实验要求

1. 由301号操作员设置常用摘要并审核凭证和记账;由302号操作员张林对除“设置常用摘要”、审核凭证、记账和出纳签字外的业务进行操作;由303号操作员进行出纳签字。

2. 设置常用凭证。

3. 填制凭证。

4. 审核凭证。
5. 出纳签字。
6. 修改第二号付款凭证的金额为1500元。
7. 删除第四号付款凭证并整理段号。
8. 记帐。
9. 查询已记账的第一号转账凭证。
10. 冲销付5号凭证并进行“出纳签字”、“审核”及“记账”。
11. 账套备份(备份至“我的文档/账套备份/总账日常账务处理”)

模块五 现金管理

实验准备

引入模块四的有关资料

实验资料

1. 银行对账期初数据

单位日记账余额为300 000元，银行对账单期初余额为286 400元，有企业已收而银行未收的未达账(2007年12月26日)13 600元。

2. 2008年1月银行对账单

日期	结算方式	票号	借方金额	贷方金额	余额
2008.1.1	现金支票	1111		1000	285 400
2008.1.5	转账支票	1211		16 000	269 400
2008.1.10	转账支票	1213	117 000		386 400
2008.1.30	转账支票	1215		180 000	206 400
2008.1.31	现金支票	1113		56 000	150 400

实验要求

1. 银行对账
2. 查询银行存款余额调节表
3. 核销已达账
4. 查询日记账
5. 账套备份(备份至“我的文档/账套备份/现金管理”)

模块六 总账期末业务处理

实验准备

引入模块五的有关资料

实验资料

1. “应交税费——应交增值税”应交未交的增值税转入“应交税金——未交增值税”。
2. 将本月的“期间损益”转入“本年利润”。

实验要求

1. 定义转账分录。
2. 生成机制凭证并审核、记账。
3. 对账。
4. 结账。
5. 账套备份。(备份至“我的文档/账套备份/总账期末处理”)

模块七　报表数据处理

实验准备

引入模块六的有关资料

实验资料

1. 单位名称为“喜来登有限公司”
2. 编制时间为“2008 年 1 月”
3. 利润表表样内容及报表中的计算公式

A	B	
1	利润表	
2	单位名称:　年　月	
3	项目	本月数
4	一、营业收入	FS(“6001”,月,“贷”,,年)+FS(“6051”,月,“贷”,,年)
5	减:营业成本	FS(“6401”,月,“借”,,年)+FS(“6402”,月,“借”,,年)
6	营业税金及附加	FS(“6403”,月,“借”,,年)
7	销售费用	FS(“6601”,月,“借”,,年)
8	管理费用	FS(“6602”,月,“借”,,年)
9	财务费用	FS(“6603”,月,“借”,,年)
10	资产减值损失	FS(“6701”,月,“借”,,年)
11	加:公允价值变动收益(损失以“-”填列)	FS(“6101”,月,“借”,,年)
12	投资收益(损失以“-“填列)	FS(“6111“,月,“借”,,年)
13	二、营业利润(亏损以“-”填列)	B4-B5-B6-B7-B8-B9-B10+B11+B12
14	加:营业外收入	FS(“6301”,月,“贷”,,年)
15	减:营业外支出	FS(“6711”,月,“借”,,年)
16	三、利润总额(亏损以“-”填列)	B13+B14-B15
17	减:所得税费用	FS(“6801”,月,“借”,,年)
18	四、净利润(净亏损以“-”填列)	B16-B17

实验要求

1. 设计利润表的格式。
2. 按2007年新会计准则设计利润表的计算公式。
3. 生成自制利润表的数据。
4. 将已生成数据的自制利润表另存为“1月份利润表”。
5. 按2007年新会计准则，生成该账套的“资产负债表”
6. 对“资产负债表”进行整表重算。
7. 保存“资产负债表”到“我的文档”中。

模块八 固定资产管理

实验准备

引入模块三的有关资料。

实验资料

1. 初始设置

(1)启用固定资模块日期

2008年1月1日。

(2)300账套固定资产系统的参数

本账套计提折旧：按平均年限法(一)计提折旧，折旧分配周期为1个月；当(月初已计提月份=可使用月份-1)时将剩余折旧全部提足。类别编码方式为：2112。

固定资产编码方式：自动编码(类别编码+序号)；序号长度为：5。要求固定资系统与财务系统进行对账。固定资产对账科目：1601 固定资产；累计折旧对账科目为：1602 累计折旧；在对账不平情况下不允许固定资产月末结账。

(3)固定资产选项设置

设置与账务系统的接口：

固定资产缺省入账科目：1601；

累计折旧缺省入账科目：1602。

2. 部门对应科目

部门名称	对应折旧科目
批发部	销售费用(6601)
行政部	管理费用(660204)
财务部	管理费用(660204)
生产部	制造费用(5101)

3. 录入固定资产原始卡片相关内容

类别编码	类别名称	使用年限	净残值率	计提属性	折旧方法	卡片样式
01	机器设备				平均年限法(一)	通用样式
011	生产设备	10	3%	正常计提	平均年限法(一)	通用样式
012	办公设备	5	3%	正常计提	平均年限法(一)	通用样式

4. 增减方式及对应科目

增加方式	对应入账科目	减少方式	对应入账科目
直接购入	工行存款(100201)	出售	固定资产清理(1606)
盘盈	以前年度损益调整(6901)	盘亏	以前年度损益调整(6901)
在建工程转入	在建工程(1604)	报废	固定资产清理(1606)
投资者投入	实收资本(4001)	投资转出	长期股权投资－其他股权投资(1511)

5. 录入固定资产原始卡片相关内容

固定资产名称	1号生产线	计算机
类别名称	生产设备	办公设备
部门名称	生产部	财务部
增加方式	直接购入	直接购入
使用状况	在用	在用
使用年限	10年	5年
折旧方法	平均年限法(一)	平均年限法(一)
开始使用日期	2006－05－08	2007－06－21
币种	人民币	人民币
原值	18000	2000
残值率	3%	3%
累计折旧	2624.4	194.4

6. 日常业务处理

1月10日，某外商投入一台计算机，价值8000元，预计使用年限为5年，净残值率3%，交由财务部使用。

实验要求

1. 建立固定资产子账套
2. 基础设置
3. 录入原始卡片
4. 增加固定资产并生成凭证
5. 计提折旧并生成凭证
6. 账套备份(备份至"我的文挡"/账套备份/固定资产)

模块九　工资管理

实验准备

引入模块三的有关资料。

实验资料

1. 设置工资套信息：

工资类别个数：单个；核算币种：人民币 RMB；要求代扣个人所得税；不进行扣零处理。人员编码长度：3 位

2. 基础信息初始化设置：

(1)人员类别设置：领导干部、普通职工。

(2)人员附加信息设置：性别、身份证号码。

(3)增加工资项目设置：

项目名称	类型	长度	小数位数	工资增减项
基本工资	数字	8	2	增
岗位补贴	数字	8	2	增
奖金	数字	8	2	增
交通补贴	数字	8	2	增
养老保险金	数字	8	2	减
事假扣款	数字	8	2	减
事假天数	数字	8	2	其他

(4)银行名称设置：中信银行(账号 11 位，前 7 位数字相同录入时需要自动带出)。

3. 建立工资类别并进行业务处理：

(1)人员档案见下表(所有人员均为中方人员，工资计税)：

部门名称	编号	人员姓名	性别	人员类别	学历	帐号
批发部	001	张丹	女	领导干部	大专	22222220001
	002	李宁	男	普通职员	高中	22222220002
	003	景梨晨	女	普通职员	中专	22222220003
行政部	004	胡月	女	领导干部	大学	22222220004
	005	吴菲	女	领导干部	大专	22222220005
财务部	006	张林	男	普通职员	大专	22222220006
	007	王晓	男	普通职员	高中	22222220007
生产部	008	李力	男	普通职员	高中	22222220008

(2)工资项目选择依次为：基本工资、岗位补贴、奖金、交通补贴、应发合计、养老保险金、事假扣款、代扣税、扣款合计、实发合计、事假天数。

(3)计算公式设置：

岗位补贴：领导干部 300 元，普通职员 100 元。

交通补贴：领导干部 500 元，普通职员 200 元。

养老保险金按 20% 计提。

事假扣款：基本工资/22 * 事假天数。

(4)录入人员基本工资及奖金数据：

人员编号	人员姓名	基本工资	奖金
001	张丹	3000	500
002	李宁	2680	300
003	景梨晨	2800	300
004	胡月	2000	200
005	吴菲	3500	300
006	张林	2000	200
007	王晓	4000	300
008	李力	2600	200

(5)1月份工资变动情况如下：

① 考勤记录情况：张丹请事假2天，胡月请事假3天，其他人员满勤。

② 因去年批发部业绩较好，批发部每人增加奖金300元。

(6)按应发合计作为计算个人所得税的标准，扣税标准为2000元。

实验要求

1. 建立工资账套

2. 基础设置

3. 设置工资项目 4. 设置人员档案

5. 设置计算公式

6. 进行工资核算和管理

7. 录入并计算1月份的工资数据

8. 扣缴所得税

9. 分摊工资、养老保险金并生成转账凭证

10. 月末处理

11. 账套备份（备份至"我的文档"/账套备份/工资）。

第三篇　用友通 10.3 财务业务一体化处理上机练习
——总账、工资、固定资产、报表

一、系统建账

帐套号:800　　帐套名称:财务考核帐套
单位名称:木材开发公司
启用日期:2008 年 1 月　　本位币:人民币
企业类型:工业　　行业性质:2007 年新会计准则
会计科目编码级次 42222　　客户分类编码级次 233
部门编码级次:122　　地区分类编码级次:2
存货分类编码级次:1223　　收发类别编码级次 12
结算方式编码级次:12　　供应商分类编码级次:223
在经济处理时,需要对存货、客户、供应商进行分类。
存货数量、存货单价、开票单价、件数及换算率的小数位均为 2。

二、设置人员及权限

电算主管——刘芳(编号 801,密码 801):负责会计软件运行环境的建立,以及各项初始化设置工作;负责会计软件的日常运行管理工作,监督并保证系统的有效、安全、正常运行;审核业务兼负责总账及报表管理。

会计员——王晶(编号 802,密码 802):负责所有凭证的输入、记账工作。

出纳员——陈光(编号 803,密码 803):负责现金、银行帐管理工作,具有出纳签字权、现金和银行存款日记账的查询及打印权、资金日报查询权、支票登记权以及银行对帐有关的操作权限;同时负责资金管理工作。

三、基础档案设置

(1)部门档案:

编号	名 称
1	综合处
101	总经理办公室
102	财务部
2	生产部

(2)职员档案：

职员编号	职员名称	所属部门	人员类别	基本工资	奖励工资
101	陈鹏	总经理办公室	经理人员	2100	300
102	刘芳	财务部	经理人员	1800	300
103	王晶	财务部	管理人员	1500	200
104	陈光	财务部	管理人员	1300	200
201	赵斌	市场部	经理人员	1800	300
202	宋佳	市场部	经营人员	1200	200
301	孙健	开发部	经理人员	2000	300
302	王华	生产部	生产人员	1800	250
303	白雪	生产部	生产人员	1800	250

(3)客户分类：

客户分类编码	客户分类名称
01	工业企业
02	商业企业
03	事业单位

(4)客户档案：

客户编号	客户名称	客户简称	所属分类码
001	北京立达世纪学校	世纪学校	03
002	广东杏云物资公司	杏云物资	02
003	华南水泥厂	华南水泥	01

(5)供应商分类：

供应商分类编码	供应商分类名称
01	工业
02	商业
03	其他

(6)供应商档案:

供应商编号	供应商名称	供应商简称	所属分类码
001	深圳万科多媒体有限公司	深圳万科	02
002	北京海淀百货商场	海淀百货	02
003	天津蓝科物资公司	蓝科物资	02
004	大地油漆厂	大地油漆	01
005	长江运输公司	长江运输	02

(7)存货分类:

存货类别编码	存货类别名称
1	原材料
2	产成品

(8)存货档案:

编码	存货名称	规格型号	计量单位	税率	存货属性	计划价/售价	参考成本	参考售价	启用日期
101	原纸	铜板纸	吨	17	销售、外购、生产耗用	5000		5700	2007－01－01
102	木材	8#	吨	17	销售、外购、生产耗用				2007－01－01
103	油漆	红色	桶	17	销售、外购、生产耗用				2007－01－01
104	沙发靠垫		个		外购、销售、生产耗用				2007－01－01
201	普通打印纸－A4	A4	箱	17	自制、销售		120	150	2007－01－01
202	凭证套打纸－8X	8X	箱	17	自制、销售		160	210	2007－01－01
203	管理用纸	U8	张	17	外购、销售		80	98	2007－01－01
204	沙发		张	17	自制、销售				2007－01－01

(9)项目大类:

项目大类	核算科目		项目分类		项目维护	
	科目编码	科目名称	分类编码	分类名称	编号	名称
原材料	1403	原材料				
	140301	生产用原材料	1	生产用原材料	1	原纸
					2	木材
					3	油漆
	140302	其他原材料	2	其他原材料		
库存商品	1405	库存商品	1	纸产品	1	普通打印纸－A4
					2	凭证套打纸－8X
			2	光盘	3	管理革命
			3	沙发	4	沙发
			4	沙发靠垫	5	沙发靠垫
在产品	5001	生产成本	1	纸产品	1	普通打印纸－A4
	500101	直接材料				
	500102	直接人工	2	沙发	1	沙发
	500103	其他				

选择 ⊙ 使用存货核算。

(10)地区分类:

地区分类编码	地区分类名称
1	本地
2	外地

(11)凭证类别:(0.5 分)

选择 ⊙记账凭证

(12)结算方式:(0.5 分)

编码	结算方式	票据管理标志	编码	结算方式	票据管理标志
1	现金结算		4	汇 兑	
2	支 票结算		401	电 汇	
201	现金支票		402	信 汇	
202	转帐支票		5	委托收款	
3	商业汇票		6	银行汇票	
301	商业承兑汇票		7	托收承付	
302	银行承兑汇票		8	其他	

四、科目及期初余额

(一)总账系统初始设置

1. 业务控制参数（1分）

凭证制单时，采用序时控制；进行支票管理与资金及往来赤字控制；可使用其他系统受控科目；制单权限不控制到科目；不可修改他人填制的凭证；打印凭证页脚姓名；凭证审核时控制到操作员；由出纳填制的凭证必须经出纳签字。

帐薄打印位数每页打印行数按软件的标准设定，明细账查询控制到科目，明细账打印按年排页。

数量小数位和单价小数位2位，部门、个人、项目按编码方式排序，会计日历1月1日－12月31日。

2. 会计科目及期初数据（4分）

级次	科目编码	科目名称	外币	计量单位	方向	辅助账类型	期初余额
1	1001	库存现金			借		6685.70
1	1002	银行存款			借		315003.29
2	100201	工行存款			借		315003.29
1	1121	应收票据			借		0.00
2	112101	商业承兑汇票			借	客户往来（非受控系统）	0.00
2	112102	银行承兑汇票			借	客户往来（非受控系统）	0.00
1	1122	应收账款			借	客户往来（非受控系统）	158000.00
1	1221	其他应收款			借		3800.00
2	122101	应收个人款			借	个人往来	3800.00
2	122102	备用金			借	部门核算	0.00
1	1231	坏账准备			贷		788.00
1	1123	预付账款			借	供应商往来（非受控系统）	0.00
1	1403	原材料			借	项目核算	0.00
2	140301	生产用原材料		吨	借	项目核算	0.00
2	140302	其他原材料			借	项目核算	0.00
1	1405	库存商品			借	项目核算	0.00
1	1601	固定资产			借		260860.00
1	1602	累计折旧			贷		6528.27
1	1701	无形资产			借		58800.00
2	1702	累计摊销			贷		

续表

级次	科目编码	科目名称	外币	计量单位	方向	辅助账类型	期初余额
1	2001	短期借款			贷		100000.00
1	2201	应付票据			贷	供应商往来（非受控系统）	0.00
2	220101	商业承兑汇票			贷	供应商往来（非受控系统）	0.00
2	220102	银行承兑汇票			贷	供应商往来（非受控系统）	0.00
1	2202	应付账款			贷	供应商往来（非受控系统）	276760.00
1	2203	预收账款			贷	客户往来（非受控系统）	0.00
1	2211	应付职工薪酬			贷		10222.77
1	2221	应交税费			贷		－13000.00
2	222101	应交增值税			贷		
3	22210101	进项税额			贷		
3	22210103	转出未交增值税			贷		
3	22210105	销项税额			贷		
3	22210108	转出多交增值税			贷		
2	222102	未交增值税			贷		－13000.00
1	2241	其他应付款			贷		2100.00
1	4001	实收资本（或股本）			贷		500580.00
1	4104	利润分配			贷		－80630.05
2	410415	未分配利润			贷		－80630.05
1	5001	生产成本			借		
2	500101	直接材料			借	项目核算	
2	500102	直接人工			借	项目核算	
2	500103	其他			借	项目核算	
1	6602	管理费用			借		
2	660201	工资费用			借	部门核算	
2	660202	福利费			借	部门核算	
2	660203	办公费			借	部门核算	
2	660204	差旅费			借	部门核算	
2	660205	招待费			借	部门核算	
2	660206	折旧费			借	部门核算	
2	660207	其他			借	部门核算	

期初数据－应收账款余额

开票日期	客户名称	销售部门	业务员	摘要	数量	单价	金额
07－12－25	杏云物资	市场部	赵斌	凭证套打纸－8X	500	210.00	105000.00
07－12－28	世纪学校	市场部	宋佳	管理革命	530	100.00	53000.00

期初数据－其他应收账款－应收个人款余额

日期	部门	人员	摘要	金额
07－12－20	总经理办公室	陈鹏	出差借款	4000.00

期初数据－应付账款余额

开票日期	供应商名称	销售部门	业务员	摘要	数量	单价	金额
07－12－20	海淀百货	市场部	宋佳	原纸	35	5000.00	175000.00
07－12－21	深圳万科	市场部	赵斌	管理革命	1272	80.00	101760.00

五、总账业务处理

2008 年 1 月份总账系统经济业务

(1)1 号从蓝科物资采购木材 15 吨,单价 900 元,收到专用发票,会计确认该笔应付账款。同时收到长江运输公司开来的运费发票 300 元(按数量分摊),确认应付账款。材料已入库。

(2)1 号从海淀百货购入沙发靠垫 20 个,单价 20 元,入库存商品库,收到普通发票一张,现金支付。

(3)3 日,财务部王晶从工行提取现金 10000 元(附单据 1 张,现金支票号 XJ001)。

(4)5 日,总经理办公室陈鹏出差归来,报销差旅费 3600 元,交回现金 400 元(附单据 1 张)。

(5)5 日,收到杏云物资还全部货款 105000 元的转帐支票一张(票号:678326)。

(6)5 号对 1 号业务确认的对蓝科物资的应付账款用转账支票(票号 678789)进行支付。同时现金支付运费。

(7)5 号收到大地油漆厂采购专用发票一张,收到油漆 20 桶,单价 15 元,入库时发现短缺 2 桶,实际入库 18 桶,确定为非合理损耗。结算后确认应付账款。

(8) 5 号经过检查,发现 1 号采购的木材有 3 吨不合格,退回。应退货款冲减应付款。另用 5000 现金归还欠蓝科物资的余款,其余款暂付。

(9)5 号生产车间领用木材 2 吨,油漆 4 桶,生产沙发之用。同时发生人工费用 403.5 元,电费 50 元。10 号沙发完工,3 套入产成品库。

(10)8 日,用现金支付总经理办公室业务招待费 1200 元。

(11)9 日,生产部白雪采购凭证套打纸 130 箱,含税单价 120 元,商品直接入库,货款以支票支付,转帐支票号 ZZR001。

(12)10 日,收到泛美集团投资资金 82750 元,转帐支票号 ZZW001。

(13)10 号采用转帐方式(票号 ZZQ010)预收杏云物资货款 3000 元,用预收账款冲销本期应收账款。并销售沙发 3 套,买一套赠送靠垫 2 个(市场价每个 30 元)。售价 1000 元一套,开具专用发票,同时代垫运费 500 元。用预收账款冲销一部分货款,余款未收。

(14)10 日,市场部宋佳出售华南水泥凭证套打纸 - 8X 100 箱,单价 210 元;开出增值税发票号码(NO:F005)。货已发出,市场部同时代垫运费 1000 元。收到转账支票一张,票号 ZZZP001)。

(15)10 日,以电汇方式(市场部宋佳采购)归还海淀百货全部货款 175000 元。票号:DH0001。

(16)12 日收到华南水泥厂的订单,需要 23 张沙发。生产领用木材 6 吨,油漆 10 桶,同时发生制造费用 120 元;人工费 300 元。20 日按每张 360 元交货。

(17)15 日,以转帐支票(市场部赵斌采购)归还万科全部货款 101760 元。支票号:ZZR101。

(18)16 日,向立达世纪学校销售凭证打印纸 35 箱,销售报价 230 元,给予 10% 的折扣。开具专用发票。为销售该产品,发生业务招待费 200 元,代垫包装费 300 元,以现金支付。

(19)20 日,市场部宋佳从海淀百货购入原纸 5 吨,收到专用发票,不含税货款 25000 元,开出转帐支票付讫,支票号(ZZR102)。

(18)20 日,领用原纸 5 吨,单价 5000 元,用于生产普通打印纸 - A4。

(19)30 日,确认本月 10 日市场部宋佳为华南水泥代垫运费 1000 元,作为坏帐处理。

(20)进行工资管理模块业务处理;

(21)进行固定资产管理模块业务处理;

(22)月末向蓝科物资采购一批木材入库,数量 6 吨,单价 1200 元,未收到发票。

(23)月末盘点存货,发现靠垫短缺 2 个,确认为营业外支出。

(24)31 日进行成本结转;

(25)31 日进行期间损益结转。

(26)全部业务生成凭证并进行月末结帐。

六、工资管理

1、业务参数 (1 分)

工资类别个数:1 个;核算币种:人民币 RMB;要求代扣个人所得税,不进行扣零处理;人员编码长度:3 位;启用日期:2007 年 1 月 1 日。

2. 人员档案及类别 (1 分)

部门档案、人员档案见基础资料(全部人员均为中方人员,计税),人员类别分为:经理人员、经营人员、生产人员、管理人员四类。

3. 工资项目 (2 分)

项目名称	类别	长度	小数位数	工资增减项
基本工资	数字	8	2	增项
奖励工资	数字	8	2	增项
交补	数字	8	2	增项

续表

项目名称	类别	长度	小数位数	工资增减项
应发合计	数字	10	2	增项
请假扣款	数字	8	2	减项
养老保险金	数字	8	2	减项
扣款合计	数字	10	2	减项
实发合计	数字	10	2	增项
代扣税	数字	10	2	减项
请假天数	数字	8	2	其他
工资总额	数字	8	2	其他

4. 工资计算公式（2分）

工资项目	定义公式
请假扣款	请假天数*20
养老保险金	（基本工资+奖励工资）*0.05
交补	Iff(人员类别="经理人员"OR 人员类别="经营人员",100,50)
工资总额	基本工资+奖励工资

5. 设置银行名称（1分）

通过工商银行代发工资，单位编号:62436586，个人账号为7位，按个人账号编号顺序分别为:1680001－1680009。录入日期为:2007－01－01

6. 工资分摊设置（5分）

工资分摊 \ 部门			工资总额		养老保险金	
			科目编码		科目编码	
			借方	贷方	借方	贷方
综合处	总经理办公室	经理人员	660201	2211	660201	221102
综合处	财务部	经理人员	660201	2211	660201	221102
综合处	财务部	管理人员	660201	2211	660201	221102
市场部		经理人员	6601	2211	6601	221102
市场部		经营人员	6601	2211	6601	221102
开发部		经理人员	5101	2211	5101	221102
开发部		开发人员	500102	2211	500102	221102

7. 1月份工资管理经济业务（9分，前5题每题1分，第6题4分）

※ 核发工资，资料如下：

(1)考勤情况：王华请假2天；赵斌请假1天。

(2)因工作需要，经研究决定：招聘李力到生产部工作，以补充技术力量，加快软件开发速度。

(3)因去年市场部推广产品业绩较好,每人增加奖励工资 200 元。

(4)计税基数为 1600

(5)工资分摊。应付工资总额等于工资项目"基本工资 + 奖励工资 + 交补"。

(6)工资和养老保险金分配的转账分录。

七、固定资产管理

1. 业务控制参数 (1 分)

按平均年限法(一)计提折旧,折旧分配周期为 1 个月,类别编码方式为 2112;

固定资产编码方式:按"类别编码 + 部门编码 + 序号"自动编码:卡片序号长度为:3;

已注销的卡片 5 年后删除;当(月初已计提月份 = 可使用月份 - 1)时,要求将剩余折旧全部提足。

要求与帐务系统进行对帐,固定资产对帐科目:1601,固定资产;累计折旧对帐科目:1602,累计折旧;

在对帐不平情况下不允许月末结账;业务发生后不需要立即制单,月末结账前一定要完成制单登帐业务;

固定资产默认入账科目:1601;累计折旧默认入账科目:1602。

2. 资产类别 (2 分)

编码	类别名称	单位	计提属性
01	交通运输设备		正常计提
011	经营用设备		正常计提
012	非经营用设备		正常计提
02	电子设备及其他通讯设备		正常计提
021	经营用设备	台	正常计提
022	非经营用设备	台	正常计提

3. 部门及对应折旧科目 (1 分)

部 门	对应折旧科目
1. 综合处	管理费用 660206
2. 市场部	销售费用 6601
3. 生产部	制造费用 5101

4. 增减方式设置 (1 分)

增减方式	对应入账科目
增加方式	
直接购入	工行存款(100201)
减少方式	
出售	固定资产清理(1606)

5. 原始卡片（4 分）

固定资产名称	类别编号	所属部门	增加方式	可使用年限	开始使用日期	原值	累计折旧	对应折旧科目
轿车	012	总经理办公室	直接购入	6	2006.10.1	215,470.00	5,745.87	660205
笔记本电脑	022	总经理办公室	直接购入	5	2007.11.1	28,900.00	4,62.40	660205
传真机	022	总经理办公室	直接购入	5	2007.10.1	3,510.00	112.32	660205
微机	021	开发部	直接购入	5	2007.11.1	12,980.00	207.68	5101

注：净残值率均为 4%；使用状态均为“在用”；折旧方法均采用平均年限法（一）。

6. 1 月固定资产管理经济业务（11 分，前 4 题每题 2 分，第 5 题 3 分）

(1)21 日，开发部购买扫描仪一台，价值 1500 元，净残值率 4%，预计使用年限 5 年。

(2)22 日，总经理办公室购买显示器一台，价值 1600 元，净残值率 4%，预计使用年限 3 年。

(3)30 日，计提本月折旧费用。

(4)30 日，开发部出售微机一台，售价 12300 元，已提折旧 415.36 元。

(5)31 日，进行批量制单

八、财务报表

1. 制作 1 月份资产负债表

2. 制作 1 月份利润表

第四篇 模拟试题

会计从业资格考试《初级会计电算化》模拟试题一

一、单选题(每题 1 分)

1. 在有关计算机存储器的术语中，一个“Byte”包含 8 个(　　)。

A. 字母　　B. 字节　　C. 字长　　D. 比特

2. 构成计算机电子的或机械的物理实体被称为(　　)。

A. 计算机系统　　B. 计算机硬件系统

C. 主机　　D. 外设

3. 微型计算机的内储器比外存储器(　　)。

A. 存储容量大　　B. 存储可靠性高

C. 读写速度快　　D. 价格便宜

4. 当磁盘设置写保护时，用户(　　)磁盘。

A. 只能读不能写　　B. 只能写不能读

C. 既能读又能写　　D. 既不能读又不能写

5. 计算机显示器参数中，参数 640 * 480，1024 * 768 等表示(　　)。

A. 显示器屏幕的大小　　B. 显示器显示字符的最大列数和行数

C. 显示器的分辨率　　D. 显示器的颜色显示

6. 通常所说的 I/O 设备指的是(　　)。

A. 输入输出设备　　B. 通信设备

C. 网络设备　　D. 控制设备

7. 将高级语言编写的程序翻译成机器语言程序，采用的两种翻译方式是(　　)。

A. 编译和解释　　B. 编译和汇编

C. 编译和链接　　D. 解释和汇编

8. Internet 上许多复杂网络和不同类型计算机之间能够互相通信的基础是(　　)。

A. X. 25　　B. ATM

C. Novell　　D. TCP/IP

9. 一座大楼中的各室微机进行联网，这个网络属于(　　)。

A. WAN　　B. LAN　　C. MAN　　D. GAN

10. 调制解调器的英文名是(　　)。

A. Modem　　B. Bridge

C. Router　　D. Gateway

11. 全角字符在存储和显示时要占用(　　)标准字符位。

A. 一个　　B. 两个　　C. 四个　　D. 不确定

12. 计算机会计信息系统中的存货管理、往来账管理等模块属于(　　)。

A. 电算化会计核算子系统　　B. 电算化会计管理子系统

C. 电算化决策支持子系统　　D. 以上全部

13. 商品化会计核算软件开发经销单位在售出软件后应承担售后服务工作，在下列工作中，(　　)不是软件开发销售商必须提供的。

A. 对用户进行软件使用前的培训　　B. 对用户的软件进行维护

C. 对用户的硬件进行维护　　D. 对用户的软件版本进行更新

14. 下列工作中，(　)一定是录入员的工作。

A. 录入凭证　B. 汇总账簿　C. 审核凭证　D. 打印账簿

15. 为了保证会计数据资料安全，根据(　)的要求，会计部门的所有人员要进行岗位分工和权限设置。

A. 会计制度　　B. 电算化内部管理制度

C. 会计准则　　D. 企业管理制度

16.《会计核算软件基本功能规范》中规定，会计核算软件中采用的总分类会计科目名称、编号方法，必须符合以下(　)说法。

A. 编号必须为三位数字

B. 名称不得超过4个汉字

C. 名称及编号都必须符合国家统一会计制度的规定

D. 不能增加国家统一会计制度中未规定明细科目代码

17. 一般中、小企业实施会计电算化的合理做法是(　)。

A. 购买商品化会计软件　　B. 本单位定点开发软件

C. 使用国外会计软件　　D. 从其他企业复制取得会计软件

18. 汉字在计算机内进行处理、存储的编码称为(　)。

A. 机内码　B. 输入码　C. 交换码　D. 输出码

19. 在应用程序 Word 中，要选取某个自然段，可将鼠标移到左侧选中区，然后(　)。

A. 单击鼠标左键　　B. 双击鼠标左键

C. 三击鼠标左键　　D. 单击鼠标右键

20. Word 文档操作中，可以用鼠标拖动的方法实现文本块的复制。此时，应该先选定 Word 文本块，然后(　)。

A. 按住 Ctrl 键并拖动鼠标　　B. 按住 Shift 键并拖动鼠标

C. 按住 Alt 键并拖动鼠标　　D. 直接拖动鼠标

21. 下面关于表格的叙述，(　)是正确的。

A. 文字、数字、图形都可以作为表格的数据

B. 只有文字、数字可以作为表格的数据

C. 只有数字可以作为表格的数据

D. 只有文字可以作为表格的数据

22. 将 Word 文档中的一部分文本内容移动到其他位置时，先要进行的操作是(　)。

A. 复制　B. 粘贴　C. 选定内容　D. 光标定位

23. 在计算机存储器中，存储英文字母“A”时，存储的是它的(　)。

A. 输入码　B. ASCII 码　C. 输出码　D. 字形码

24. 对应于常用工具栏里“复制”按钮的快捷键是(　)。

A. Ctrl + C　B. Ctrl + I　C. Ctrl + V　D. Ctrl + Z

25. 在不同的运行着的应用程序之间切换，可以利用快捷键(　)。

A. Alt + Esc　B. Ctrl + Esc　C. Alt + Tab　D. Ctrl + Tab

26. 设汉字点阵为32×32，那么100个汉字的字形信息所占用的字节数是(　)。

A. 12800　　B. 3200　　C. 32 × 3200　　D. 32 × 32

27. 在进行文档选择时，按(　　)键的同时拖动鼠标可选择一个矩形。

A. Ctrl + Shift　B. Shift　C. Ctrl　D. Alt

28. 一个文件路径名为:C:\GROUP\TEXT1\293. TXT，其中 TEXT1 是一个(　　)

A. 文件夹　　B. 根文件夹　　C. 文件　　D. 文本文件

29. 在 Windows 操作中，若想使弹出的下拉菜单重新弹回隐藏状态，单击(　　)即可。

A. 该下拉菜单内任一空白位置

B. 该菜单所在窗口外的任一位置

C. 该菜单所在窗口的工作区内，不属于该菜单的任一位置

D. 以上选择都不对

30. 在 Windows 中，若系统长时间不响应用户的要求，为了结束该任务，应使用的组合键是(　　)。

A. Shift + Esc + Tab　　B. Ctrl + Shift + Enter

C. Alt + Shift + Enter　　D. Alt + Ctrl + Del

31. 在 Word 编辑菜单中，粘贴菜单命令呈灰色，说明(　　)。

A. 由于某些原因，该命令永远不能使用

B. 不能使用剪贴板上的内容

C. 该命令可被使用

D. 剪贴板中没有内容

32. “管理费用”科目通常设置的辅助核算是(　　)。

A. 个人往来　B. 部门核算　C. 项目核算　D. 客户往来

33. 已审核未记账的凭证，修改方法为(　　)。

A. 不能修改　　B. 直接修改

C. 先作废，后修改　　D. 先取消审核再修改

34. 结账操作每月可进行(　　)次。

A. 一次　B. 二次　C. 三次　D. 多次

35. 用友报表系统中，QM( )函数的含义是，取(　　)数据。

A. 期初余额　B. 期末余额　C. 借方发生额　D. 贷方发生额

36. 在 Excel 中，通过 Ctrl + End 键可以实现将活动单元格立即跳转到工作表中(　　)单元。

A. 数据区域的右下角　　B. 已使用过区域的右下角

C. 当前行的最左侧　　D. 当前行的最右侧

D. 先用 Ctrl + →键移到 Y 列，再用 Ctrl + ↓ 键移到 100 行

37. 下面(　　)组运算符的运算顺序是正确的。

A. +，-，< =，*，/　　B. *，/，^，+，-，> =

C. ^，*，/，-，+，< =　　D. > =，+，-，*，/，^

38. 在 Excel 中，凡是数值小于 60 的单元格都要自动显示成红色的数字，这个要求可以使用“格式”菜单中的(　　)命令实现。

A. 单元格　　B. 样式

C. 条件格式　　D. 自动套用格式

39. 在 Excel 中，关于“选择性粘贴”的叙述错误的是(　　)。

A. 选择性粘贴可以只粘贴格式

B. 选择性粘贴可以只粘贴公式

C. 选择性粘贴可以将数据源的排列旋转 90 度，即“转置”粘贴

D. 选择性粘贴只能粘贴数值型数据

40. 在 Excel 中，下列(　　)是正确的区域表示法。

A. A1#D4　　B. A1&D5

C. A1:D4　　D. A1 > D4

二、多选题(每题 1 分)

41. 如按适用范围划分，会计核算软件可分为(　　)。

A. 单用户会计核算软件　　B. 专用会计软件

C. 多用户(网络)会计核算软件。　　D. 通用 4 会计软件

42. 下列属于专用会计核算软件的特点是(　　)。

A. 通用性强　　B. 受使用范围和时间限制

C. 系统只适用于个别单位　　D. 软件开发水平较高

43. 选择会计核算软件时应注意的问题是(　　)。

A. 所选软件的技术指标是否能够满足需要

B. 会计软件的功能是否能充分满足和保证企事业单位的特殊需求

C. 售后服务的质量

D. 是否有同类企业已成功地运用了该种软件

44. 会计核算软件的功能模块一般可以划分为(　　)。

A. 账务处理　　B. 工资核算

C. 固定资产管理　　D. 生产制造

45. 根据计算机的规模划分，可将其分为(　　)。

A. 巨型机　　B. 大型机

C. 微型机　　D. 小型机

46. 内存按其功能，可分为(　　)。

A. ROM　　B. RAM

C. Cache　　D. DVD

47. 下列属于 ROM 的特点是(　　)。

A. 只读不写　　B. 可读可写

C. 关机后信息丢失　　D. 关机后信息不丢失

48. 下列属于硬盘的特点有(　　)。

A. 存储容量大　　B. 移动性好

C. 存储容量小　　D. 移动性差

49. 系统软件包括(　　)。

A. 操作系统　　B. 语言处理程序

C. 数据库管理系统　　D. 各类支持服务程序

50. Internet 的主要功能有(　　)等。

A. 万维网　　B. 电子邮件

C. 文件传输　　D. 电子公告板

51. 会计核算软件的会计数据输入可以采用(　　)等几种形式。

A. 键盘手工输入　　B. 软盘导入

C. 网络传输　　D. 从其他模块中生成

52. 在输入记账凭证的过程中，会计核算软件必须提供以下提示功能(　　)。

A. 正在输入的记账凭证编号是否与输入的机内记账凭证编号重复

B. 以编号形式输入会计科目的，可不提示该编号所对应的会计科目名称

C. 正在输入的记账凭证中的会计科目，当借贷双方金额不平衡，或没有输入金额时，应提示并拒绝执行

D. 正在输入的记账凭证有借方会计科目而无贷方会计科目或者有贷方会计科目而无借方会计科目的，应可以保存

53. 下列属于电算主管职责的是(　　)。

A. 负责电算化系统的日常管理工作，监督并保证电算化系统的正常运行

B. 协调电算化系统各类人员之间的工作关系，制定岗位责任与经济责任的考核制度

C. 严格按照操作程序使用计算机和会计软件

D. 每天操作结束后，应及时做好数据备份并妥善保管

54. 电算化系统中备份功能是重要的基本功能，进行这一工作时应(　　)。

A. 注明备份时间　　B. 备份软盘应有多份

C. 删除数据前必须先备份　　D. 先恢复数据

55. 在账务处理系统进行科目设置时，设置的会计科目代码应(　　)。

A. 符合会计制度规定　　B. 代码必须唯一

C. 符合级次级长要求　　D. 代码只有两位

56.《会计核算软件基本功能规范》中对记账凭证的编号有以下(　　)规定。

A. 同一类型的记账凭证必须保证当月凭证编号的连续

B. 同一类型的记账凭证当月凭证编号可以不连续

C. 不可以由键盘手工输入凭证编号

D. 可以由会计核算软件自动产生凭证编号

57. 窗口的组成元素包括(　　)等。

A. 标题栏　　B. 控制按钮

C. 菜单栏　　D. 工作区

58. 若要选择活动文件夹内所包含的所有文件或文件夹，可以选择的操作有(　　)。

A. 可以按 Ctrl + A 键

B. 可以单击“编辑”下拉菜单的“全部选取”命令

C. 可以按 Ctrl + C 键

D. 可以单击“文件”下拉菜单的“全部选取”命令

59. 在 Word 中，能够实现“粘贴”功能的操作(　　)。

A. 选择编辑菜单中的粘贴　　B. 选择工具栏中的粘贴

C. ctrl + v　　　　　　　　　　　　　　　　D. 选择右键菜单中的粘贴

60. 退出 Word 应用程序的方法主要有(　　)。

A. 单击“文件”菜单中的“退出”命令

B. 单击 Word 窗口标题栏的“关闭”按钮

C. 双击 Word 窗口标题栏左上角的控制按钮

D. 单击“文件”菜单中的“关闭”命令

61. 下列正确的日期型数据的输入格式有(　　)。

A. 2006/ 7/10　　　　　　　　　　　　　　B. 2006 - 7 - 10

C. 2006. 7. 10　　　　　　　　　　　　　　D. 2006:7:10

62. 在 Excel 中，公式 SUM(B1:B4)等价于(　　)。

A. SUM(A1:B4 B1:C4)　　　　　　　　　　B. SUM(B1 + B4)

C. SUM(B1 + B2, B3 + B4)　　　　　　　　D. SUM(B1, B2, B3, B4)

63. 下列 Excel 公式输入的格式中，(　　)是正确的。

A. = SUM(1, 2, …, 9, 10)　　　　　　　　B. = SUM(E1:E6)

C. = SUM(A1;E7)　　　　　　　　　　　　D. = SUM(“18”,“25”, 7)

64. 在 Excel 中，通过格式工具栏可以对工作表中的单元格进行(　　)。

A. 合并及居中　　　B. 粘贴　　　C. 复制　　　D. 字体设置

65. 在 Excel 中，通过(　　)可以修改单元内容。

A. 选中该单元，重新输入新内容

B. 选中该单元，对编辑栏中出现的原内容进行编辑修改

C. 单击该单元，并直接在单元格中进行内容的修改

D. 双击该单元，并直接在单元格中进行内容的修改

66. 用友软件中，下列关于操作员的说法正确的是(　　)。

A. 操作员编号在系统中必须唯一

B. 不同的账套，操作员编号可以重复

C. 所设置的操作员一旦被引用，便不能被修改和删除

D. 一个操作员只能被一个账套引用

67. 用友软件中，下列账套信息建立后不能更改的是(　　)。

A. 账套号　　　　　　　　　　　　　　　B. 账套名称

C. 账套路径　　　　　　　　　　　　　　D. 启用会计期

68. 科目编码就是按科目编码方案对每一科目的编码进行定义。其作用是(　　)。

A. 便于反映会计科目间的上下级逻辑关系

B. 便于计算机识别和处理，将会计科目编码作为数据处理的关键字

C. 便于检索、分类及汇总等

D. 减少输入工作量，提高输入速度

69. 用友软件中，下列属于报表数据处理功能的是(　　)。

A. 生成报表数据　　　　　　　　　　　　B. 设置关键字

C. 报表审核　　　　　　　　　　　　　　D. 表页排序

70. 用友软件中，下列(　　)单元的数据不是在格式状态下输入和修改的。

A. 表样单元　　　　　　　　　　　　B. 数值单元
C. 日期单元　　　　　　　　　　　　D. 字符单元

三、判断题(每题1分)

71. 会计核算软件按照不同的适用范围可分为通用会计核算软件和商品化会计核算软件。(　　)

72. 决策支持系统是一种代替管理人员进行决策的人机会话系统。(　　)

73. 保障会计软件及计算机硬件的正常运行是电算管理员的职责。(　　)

74. 1994年6月，财政部颁发了《会计电算化管理办法》等三个文件，标志着会计电算化工作被纳入法制化管理的轨道。(　　)

75. 对已经输入但未登记会计账簿的机内记账凭证应提供修改和审核的功能，审核通过后还可以对机内记账凭证进行修改。(　　)

76. 对会计软件的全套文档资料以及会计软件程序，保管截止日期是该软件停止使用或有重大更改之后3年。(　　)

77. 电算化会计信息系统使用时，可以用“总分类账户本期发生额及余额对照表”替代当期总分类账。(　　)

78. 账套号是区别不同账套的惟一标识。(　　)

79. 科目一经使用，即已经输入凭证后，不允许修改或删除该科目。(　　)

80. 用友报表系统中，数值单元的内容只能通过计算公式生成。(　　)

81. 用友报表系统中，用户可以根据自己的需要设置相应的关键字。(　　)

82. 使用“剪切”和“粘贴”命令在两个文档之间移动文本时，必须同时打开这两个Word文档。(　　)

83. 在Word应用程序的编辑窗口，常用工具栏和格式工具栏必须出现，否则某些操作将无法完成。(　　)

84. 在Excel中排序时如果选择多个关键字段，则所有关键字段必须选用相同的排序趋势(递增或递减)(　　)

85. 在Excel中，删除指定区域是将该区域的数据删除掉，而单元格本身保留。(　　)

四、操作题(共15分)

86. Windows操作(3分)

(1)在D:盘根下分别建立t1和t2文件夹。

(2)在t1下建立一个名为ks. txt文件，内容为“初级会计电算化考试”。

(3)将t1中的文件ks. txt复制到t2中.

(4)将t2中ks. txt的改名为kaoshi. txt。

(5)将t1中的文件ks. txt设置为“只读”属性。

(6)将t2文件夹移动到t1文件夹中。

87. Word文字处理操作(6分)

考试要求：

(1)将两个自然段合并为一个自然段。

(2)设置段落文字为“楷体”、小四号、加下划线。

(3)设置文字段的段前断后距离为0.5行。

= =

Windows 2000 操作系统

Windows 2000 是计算机操作系统的一种。作为一种基于图形界面的多任务操作系统，其操作十分便捷，通过用鼠标对图标、菜单、按钮等对象进行操作即可完成，是目前会计软件普遍采用的操作平台。

因此，学会 Windows 2000 的基本操作，已经成为会计电算化人员的基本要求。

88. Excel 表格处理操作(6 分)

考试要求：

(1)将标题字体设为“宋体”26 磅，下划线，置于表格正上方居中。

(2)计算每名员工的总奖金。

(3)确定每名员工的等级。确定方法：总奖金大于 30000 的为“优秀”，否则为“普通”。

= =

奖金发放表

姓名	上半年奖金	下半年奖金	总奖金	等级
张昆	10000	15000		
王磊	14000	18000		
石亮	11000	15000		
林方	13000	12000		

会计从业资格考试《初级会计电算化》模拟试题一答案与解析

一、单选题

1. 答案：D

解析：在计算机存储器的术语中，一个字节(英文为 Byte)包含 8 个比特。

2. 答案：B

解析：一个完整的计算机系统由硬件系统和软件系统两大部分组成。所谓硬件系统是指构成计算机的电子的、机械的物理实体。

3. 答案：C

解析：微型计算机的内储器与外存储器相比，其读写速度快、存储容量小，当然价格也更贵。

4. 答案：A

解析：当磁盘设置写保护时，用户只能读取磁盘中的信息，而不能向磁盘写入信息。

5. 答案：C

解析：计算机显示器参数中，参数 640 * 480，1024 * 768 等表示显示器的分辨率。分辨率是指屏幕上水平方向和垂直方向所显示的像素点数，通常表示为：分辨率 = 每行像素数 * 每列像素数。分辨率越高，则图像显示就越清晰。

6. 答案：A

解析：通常所说的 I/O 设备指的是输入输出设备。

7. 答案:A

解析:将高级语言编写的程序翻译成机器语言程序，采用的两种翻译方式是编译和解释。解释方式是将源程序逐句解释执行，即解释一句执行一句，因此在解释方式中不产生目标文件。例如早期的BASIC语言采用的就是“解释”方式。编译方式是将整个高级语言编写的源程序先翻译成机器语言程序，然后再生成可在操作系统下直接运行的执行程序，通常会产生目标程序。

8. 答案:D

解析:Internet上最基本的通信协议是TCP/IP。为了在不同结构的计算机之间实现正常通信，则要求联网用户共同遵守TCP/IP通信协议。

9. 答案:B

解析:局域网LAN是一种在小区域内使用的由多台计算机组成的网络，一般限于一个单位内部或一个建筑物内，由单位自行组建并专用。

10. 答案:A

解析:调制解调器的英文名是Modem。

11. 答案:B

解析:全角字符在存储和显示时要占用2个标准字符位。

12. 答案:A

解析:会计核算软件的功能模块一般可划分为账务处理、应收/应付款核算、工资核算、固定资产核算、存货核算、销售核算、成本核算、会计报表生成与汇总、财务分析等。

13. 答案:C

解析:商品化会计核算软件开发经销单位在售出软件后应承担售后服务工作，其售后服务包括:会计软件的日常维护、用户培训、二次开发与相关技术支持，以及软件版本的升级换代。

14. 答案:A

解析:顾名思义，录入员的主要工作就是录入凭证，包括修改本人录入的凭证。其他工作视具体情况而定，但必须遵循岗位牵制的有关规定。

15. 答案:B

解析:根据电算化内部管理制度的要求，为了保证会计数据资料的安全，会计部门的所有人员都要进行岗位分工和权限设置。

16. 答案:C

解析:根据《会计核算软件基本功能规范》中的规定，会计核算软件中采用的总分类会计科目名称、编号方法时，其名称及编号都必须符合国家统一会计制度的规定。

17. 答案:A

解析:由于中小型企业在资金、业务和技术等方面均比不上大中型企业，故在具体实施会计电算化的过程中，比较合理的做法是购买商品化会计软件，把技术方面的问题交由软件公司来实现。

18. 答案:A

解析:汉字在计算机内进行处理、存储的编码称为机内码(也称内码或汉字存储码)；用户从键盘上键入汉字时所使用的汉字编码称为汉字输入码(也称外码)；计算机与其他系统或设备之间交换汉字信息的标准编码称为汉字交换码(也称国标码);汉字输出码又称汉字字形码(或称汉字字模码),其作用是用来输出汉字。

19. 答案:B

解析:在 Word 应用程序中,要选取某个自然段,可将鼠标移到左侧选取区,然后双击鼠标左键,或者将光标定位到该自然段的任意位置,连续三击鼠标左键。

20. 答案:A

解析:在 Word 文档编辑中,可以用鼠标拖动的方法实现文本块的复制。具体操作是,先选定 Word 文本块,然后按住 Ctrl 键并拖动鼠标。

21. 答案:A

解析:表格中的数据不仅可以是文字、数字,还可以是图形。

22. 答案:C

解析:将 Word 文档中的一部分文本内容移动到另一个位置时,先要进行的操作是选定文本内容。

23. 答案:B

解析:在计算机内进行处理、存储的编码称为机内码(也称内码),而存储英文字母的机内码是 ASCII 码。所以答案为 B。

24. 答案:A

解析:对应于常用工具栏里“剪切”按钮的快捷键是 Ctrl + X,“复制”按钮的快捷键是 Ctrl + C,“粘贴”按钮的快捷键是 Ctrl + V。

25. 答案:A

解析:在不同的运行着的应用程序之间切换时,可以利用快捷键 Alt + Esc。

26. 答案:A

解析:若汉字点阵为 32 × 32,那么一个汉字的字形状信息所占用的字节数是 128 个字节,100 个汉字的字形状信息所占用的字节数则为 12800。

27. 答案:D

解析:在进行文档选择时,按 Alt 键的同时拖动鼠标可选择一个矩形。

28. 答案:A

解析:一个文件路径名为:C:\GROUP\TEXT1\293. TXT,其中 TEXT1、GROUP 都是文件夹名。即只有出现在文件路径最后的才是文件名,而在文件名和驱动器之间出现的都是文件夹。

29. 答案:C

解析:在 Windows 操作中,若想使弹出的下拉菜单重新弹回隐藏状态,单击该菜单所在窗口的工作区内不属于该菜单的任一位置即可。

30. 答案:B

解析:在 Windows 使用中,若系统长时间不响应用户的要求,为了结束该任务,应使用的组合键是 Crtl + Shift + Enter。

31. 答案:D

解析:在 Word 编辑菜单中,粘贴菜单命令呈灰色,说明剪贴板中没有内容。

32. 答案:B

解析:各单位对于管理费用通常是按部门进行预算控制的,因此对于管理费用科目应设置部门辅助核算。

33. 答案:D

解析:凭证一经审核,不能被直接修改、删除;只有取消审核签字后才可以修改或删除。

34. 答案:A

解析:在电算化方式下,结账工作与手工操作相比简单得多,结账是一种成批数据处理,每月只结账一次,主要是对当月日常处理限制和对下月账簿的初始化,均由计算机自动完成。

35. 答案:B

解析:期末额函数:QM(　)表示取金额期末数,sQM(　)取数量期末数,wQM(　)取外币期末数。

36. 答案:B

解析:在 Excel 中,通过 Ctrl + End 键可以实现将活动单元格立即跳转到工作表中已使用过区域的右下角单元。

37. 答案:C

解析:运算符的运算顺序是:乘方(^)、乘除(*,/)、加减(-,+)、关系运算(<=),所以正确答案应为 C。

38. 答案:C

解析:在 Excel 中,凡是数值小于 60 的单元格都要自动显示成红色的数字,这个要求可以使用"格式"菜单中的条件格式命令实现。

39. 答案:D

解析:通过"选择性粘贴"可以粘贴数值型数据,也可以粘贴格式和公式等等。所以"选择性粘贴只能粘贴数值型数据"这个说法是错误的。

40. 答案:C

解析:区域表示法为:前后为两个单元格,用来表示两个单元格间的所有单元格,在两个单元格之间除了可以用":"(冒号)外,还可以用"."(句号)或".."(两个点)。

二、多选题

41. 答案:BD

解析:若按适用范围划分,则会计核算软件可分为专用会计核算软件和通用会计核算软件。

42. 答案:BC

解析:专用会计核算软件也称为定点开发核算软件。其特点是把使用单位的会计核算规则,如会计科目、报表格式、工资项目、固定资产项目等编入会计软件,非常适合本单位的会计核算,使用起来简便易行。但其缺点是,受使用范围和时间限制,系统只适用于个别单位。

43. 答案:ABCD

解析:以上四项均是选择会计软件时应注意的问题。

44. 答案:ABC

解析:生产制造不属于会计核算软件的功能模块。

45. 答案:ABCD

解析:根据计算机的规模划分,又可将计算机分为巨型机、大型机、中型机、小型机、微型机五大类。

46. 答案:ABC

解析:DVD 属于外存储器。

47. 答案:AD

解析:ROM 中的内容只能读出、不能写入，它的内容是由芯片厂家在生产过程中写入的。由于 ROM 依靠电池供电，所以即使关闭计算机电源，ROM 中的信息也不会丢失，因此常用 ROM 来存放重要的、固定的并且反复使用的程序和数据。

48. 答案:AD

解析:硬盘存储器简称硬盘，通常固定在主机箱中。硬盘的容量较大，目前微机的硬盘容量一般都在几十 GB，且读写速度较快。硬盘防尘性能良好、可靠性高，对环境要求不高。但在硬盘工作时，要注意不要振动，以免造成损坏。

49. 答案:ABCD

解析:系统软件包括操作系统、语言处理程序、数据库管理系统、各类支持服务程序等。其中最重要的系统软件是操作系统。

50. 答案:ABCD

解析:Internet 的主要功能有万维网、电子邮件、文件传输、远程登录、新闻组、电子公告板等。

51. 答案:ABCD

解析:会计核算软件的会计数据输入可以采用键盘手工输入、软盘导入或网络传输等几种形式。此外，会计软件某个功能模块中所需的数据，可以根据需要从另一功能模块中取得，也可以根据其他功能模块中的数据生成。

52. 答案:AC

解析:在输入记账凭证的过程中，会计核算软件必须提供以下提示功能:

(1)正在输入的记账凭证编号是否与输入的机内记账凭证编号重复。

(2)以编号形式输入会计科目的，应当提示该编号所对应的会计科目名称。

(3)正在输入的记账凭证中的会计科目，当借贷双方金额不平衡，或没有输入金额时，应提示并拒绝执行。

(4)正在输入的记账凭证有借方会计科目而无贷方会计科目或者有贷方会计科目而无借方会计科目的，应提示并拒绝执行。

(5)正在输入的收款凭证的借方科目不是“现金”或“银行存款”科目、付款凭证的贷方科目不是“现金”或“银行存款”科目时，应提示并拒绝执行。

53. 答案:AB

解析:答案 CD 是电算操作员的职责。

54. 答案:ABCD

解析:账套数据的备份实际上计算机数据的复制，是为了以后恢复数据进行查询或其他操作。因此备份操作一定要小心谨慎。

55. 答案:ABC

解析:编码时，-级会计科目编码按财政部规定(三位编码，新会计制度规定为四位编码)的编码方案执行;明细科目编码按照具体编码规则设置。一般情况下，会计科目编码采用科目全编码方案;即:本级科目全编码=上一级科目全编码+本级科目编码。

56. 答案:AD

解析:记账凭证的编号可以由手工输入,也可以由会计核算软件自动产生。会计核算软件应当对记账凭证编号的连续性进行控制。

57. 答案:ABCD

解析:此四项均为窗口元素。

58. 答案:AB

解析:Ctrl + C 表示复制。"文件"下拉菜单下没有"全部选取"命令。

59. 答案:ABCD

解析:WORD 中,实现操作命令的方法有四种:一是菜单法、二是工具栏法、三是快捷键法、四是快捷菜单法。

60. 答案:ABC

解析:单击"文件"菜单中的"关闭"命令只能关闭文档窗口。

61. 答案:AB

解析:Excel 中,没有答案 CD 表示日期的形式。

62. 答案:CD

解析:题中公式是对四个单元格的数据求和。只有 CD 答案是对的。

63. 答案:AB

解析:答案 C:表示区域的分隔符不对;答案 D:求和数据不能带双引号。

64. 答案:AD

解析:粘贴和复制是通过常用工具栏进行的。

65. 答案:ABD

解析:单击表示选中该单元。

66. 答案:AC

解析:不同的账套,操作员编号不能重复;一个操作员可以被多个账套引用。

67. 答案:AD

解析:账套名称和账套路径是可以更改的。

68. 答案:ABCD

解析:科目编码就是按科目编码方案对每一科目的编码进行定义。其作用是:便于反映会计科目间的上下级逻辑关系;便于计算机识别和处理,将会计科目编码作为数据处理的关键字,便于检索、分类及汇总等;减少输入工作量,提高输入速度;促进会计核算的规范化和标准化。

69. 答案:ACD

解析:设置关键字属于报表格式设计。

70. 答案:BD

解析:表样单元的数据是在在格式状态下输入和修改的。没有日期单元。

三、判断题

71. 答案:错

解析:会计核算软件按照不同的适用范围可分为通用会计核算软件和专用会计核算软件。

72. 答案:错

解析：所谓决策支持系统是一种辅助管理人员进行决策的人机会话系统，它不是代替人决策，而是以现代信息技术为手段，为决策者提供所需的各类信息，提供相应的科学方法和数学模型，帮助决策者选择最佳方案，以减少或避免决策失误，降低决策风险。

73. 答案：错

解析：根据岗位设置要求，保障会计软件及计算机硬件的正常运行应是电算维护岗位的职责。

74. 答案：对

解析：1994 年 6 月，财政部为进一步加强对会计电算化工作的管理，促进我国会计电算化事业的健康发展，相继颁发了《会计电算化管理办法》等三个文件，标志着会计电算化工作被纳入法制化管理的轨道。

75. 答案：错

解析：对已经输入但未登记会计账簿的机内记账凭证应提供修改和审核的功能，审核通过后不能对机内记账凭证进行修改。

76. 答案：错

解析：对会计软件的全套文档资料以及会计软件程序，保管截止日期是该软件停止使用或有重大更改之后 5 年。

77. 答案：对

解析：按照有关规定，采用会计电算化软件之后，可以用“总分类账户本期发生额及余额对照表”替代当期总分类账。

78. 答案：对

解析：账套号是用来输入新建账套的编号，账套号为 3 位，账套号唯一，且必须输入。

79. 答案：对

解析：科目一经使用，即已经输入凭证，则不允许修改或删除该科目，不允许作科目升级处理，此时，只能增加同级科目，而不能在该科目增设下级科目。

80. 答案：错

解析：数值单元用于存放报表的数据，在“数据”状态下输入。数值单元的内容可以直接输入或由单元中存放的单元公式运算生成。

81. 答案：对

解析：用友报表系统中，用户可以根据自己的需要设置相应的关键字。

82. 答案：错

解析：使用“剪切”和“粘贴”命令在两个文档之间移动文本时，不必同时打开这两个 Word 文档。

83. 答案：错

解析：在 Word 应用程序窗口中，常用工具栏和格式工具栏中的操作可以通过相应的菜单命令来完成，并非一定要出现在屏幕上。

84. 答案：错

解析：在 Excel 中排序时如果选择多个关键字段，所有关键字段可以根据具体需要确定排序趋势是递增还是递减，而不一定都要选用相同的排序趋势。

85. 答案：错

解析：在 Excel 中，删除指定区域是将该区域的单元格删除掉。

第四篇

会计从业资格考试《初级会计电算化》模拟试题二

一、单选题(每题1分)

1. 下列字符中，ASCII码值最小的是(　　)。

A. B　　B. a　　C. x　　D. Y

2. 微机中，CAM的涵义是(　　)。

A. 计算机辅助设计　　B. 计算机辅助教学

C. 计算机辅助制造　　D. 计算机辅助测量

3. 引进高速缓冲存储器(Cache)技术是为了解决(　　)之间速度不匹配的问题。

A. 内存与外存　　B. CPU与内存

C. CPU与外存　　D. 主机与外部设备

4. 某一台微型计算机的内存容量为128M，指的是(　　)。

A. 128M位　　B. 128M字节

C. 128M字　　D. 128000K字

5. 下列等式中，正确的是(　　)。

A. 1KB = 1024×1024B　　B. 1MB = 1024B

C. 1KB = 1024MB　　D. 1MB = 1024×1024B

6. 1.44MB软盘的所有磁道中，在最外圈的是(　　)道，它是软盘中最重要的磁道。

A. 0　　B. 1　　C. 79　　D. 80

7. 下列设备中，可以将图片输入到计算机内的设备是(　　)。

A. 绘图仪　　B. 键盘　　C. 扫描仪　　D. 鼠标

8. 下面有关计算机操作系统的叙述中，不正确的是(　　)。

A. 操作系统属于系统软件

B. 操作系统只负责管理内存储器，而不管理外存储器

C. UNIX是一种操作系统

D. 计算机的处理器、内存等硬件资源也由操作系统管理

9. 计算机中网络通信协议IP指的是(　　)。

A. 传播控制协议　　B. 传输控制协议

C. 国际通信协议　　D. 网际协议

10. Internet为网上的每台主机都分配了唯一的地址，该地址由纯数字组成，它被称为(　　)。

A. WWW服务器地址　　B. TCP地址

C. IP地址　　D. WWW客户机地址

11. 合法的电子邮件地址是(　　)。

A. Wang. em. hxing. com. cn　　B. em. hxing. com. cn. wang

C. em. hxing. com. cn@ wang　　D. wang@ em. hxig. com. cn

12. 在Word中文档中，可以用鼠标拖动的方法实现文本块的移动，那么应该先选定Word文本块，然后(　　)

A. 按住 Ctrl 键并拖动鼠标　　B. 按住 Shift 键并拖动鼠标
C. 按住 Alt 键并拖动鼠标　　D. 直接拖动鼠标

13. 选择会计软件时，应选择(　　)产品。
A. 原版或盗版　　B. 原版　　C. 原版或部分原版　　D. 不好说

14. 企业实现会计电算化以后，(　　)是保障会计电算化顺利进行的最重要一环。
A. 建立各种管理制度　　B. 会计核算软件
C. 代替手工记账　　D. 试运行

15. 建期初余额的目的是将手工会计业务，转入计算机处理，使两者之间的(　　)具有连续性和继承性。
A. 账页　　B. 日期　　C. 科目　　D. 账目

16. 数据录入员、系统管理员、程序设计员不能(　　)岗位。
A. 兼任两种以上　　B. 同时兼任三种
C. 兼任两种或两种以上　　D. 同时兼任四种

17. 账务系统中，记账凭证的编号应(　　)。
A. 由计算机自动编号　　B. 编号必须连续
C. 如果分类，应分类编号　　D. 以上全部

18. 以只读方式打开 Word 文件，做了某些修改要保存时，应使用“文件”菜单下的(　　)菜单项。
A. 保存　　B. 另存为　　C. 全部保存　　D. 关闭

19. Word 文档中，选定表格的一列，再执行“编辑”菜单中的“剪切”命令，则(　　)。
A. 将该单元格中的内容清除，表格列数不变
B. 删除选定列，表格减少一列
C. 把原表格沿该列分成左右两个表格
D. 将选定列复制到剪贴板，对表格没有影响

20. 在 Word 文档中，出现在“文件”菜单底部列出的文件名表示(　　)。
A. 该文档正在使用　　B. 该文档正在打印
C. 扩展名为. doc 的文件　　D. 最近用 Word 处理过的文档

21. 打开一个 Word 文档是指(　　)。
A. 把文档内容从内存中读入并显示　　B. 启动 Word 软件
C. 为指定文件开设一个空文档　　D. 把文档内容从磁盘调入到内存并显示

22. 若要显示或打印汉字，将用到汉字编码中的(　　)。
A. 字形码　　B. 输入码　　C. 机内码　　D. 交换码

23. 在 Windows 的“回收站”中，存放的(　　)。
A. 可以是硬盘或软盘上被删除的文件或文件夹
B. 只能是本机硬盘上被删除的文件或文件夹
C. 只能是软盘上被删除的文件或文件夹
D. 可以是所有外存储器中被删除的文件或文件夹

24. 对应于常用工具栏里“粘贴”按钮的快捷键是(　　)。
A. Ctrl + F　　B. Ctrl + U　　C. Ctrl + X　　D. Ctrl + V

25. 在 Windows 2000 环境中，对磁盘文件进行管理的一个常用工具是(　　)。

A. 写字板　　B. 我的公文包

C. 我的电脑　　D. 剪贴板

26. 下列操作中，不能关闭 Word 应用程序的操作是(　　)。

A. 双击标题栏左边的“W”　　B. 单击“文件”菜单中的“关闭”命令

C. 单击标题栏右边的“关闭”按钮　　D. 单击“文件”菜单中的“退出”命令

27. 在 16×16 点阵字库中，存储一个汉字的字模信息需用的字节数是(　　)。

A. 8　　B. 16　　C. 32　　D. 64

28. Windows 启动时，如果自动执行磁盘扫描程序，可能是由于(　　)。

A. 硬盘坏了

B. 上一次使用计算机时，非正常关机

C. 非法用户正在开机

D. 上一次使用计算机时，Word 文档没有存盘

29. WORD 窗口的顶部是(　　)，用于显示 WORD 程序图标、文档名称、窗口控制按钮等。

A. 菜单栏　　B. 状态栏　　C. 标题栏　　D. 工具栏

30. Windows 中，文件的属性不包括下列哪一种(　　)。

A. 系统　　B. 运行　　C. 隐藏　　D. 只读

31. 以系统管理员的身份注册系统管理时，不能进行的操作是(　　)。

A. 建立账套　　B. 修改账套

C. 输出账套　　D. 引入账套

32. 若会计科目的编码方案为 3-2-2，则下列正确的编码为(　　)。

A. 1010101　　B. 102002　　C. 101101　　D. 102021

33. 辅助核算要设置在(　　)会计科目上。

A. 一级　　B. 二级　　C. 总账　　D. 末级

34. 记账操作每月可进行(　　)次。

A. 一次　　B. 二次　　C. 三次　　D. 多次

35. 关于结账操作，下列说法错误的是(　　)。

A. 结账只能由有结账权限的人进行

B. 结账后，不能输入凭证

C. 本月还有未记账凭证时，本月不能结账

D. 结账必须按月连续进行，上月未结账，则本月不能结账

36. 用友报表系统中，公式 QM(“1001”,月)的含义是(　　)。

A. 取 1001 科目的本月期初余额

B. 取 1001 科目的本月期末余额

C. 取 1001 账套的本月期初余额

D. 取 1001 账套的本月期末余额

37. 若要选定区域 A1:A5 及 D3:E5，应按鼠标左键从 A1 拖到 A5，然后(　　)。

A. 按鼠标左键从 D3 拖动到 E5

B. 按住 Ctrl 键，并按鼠标左键从 D3 拖动到 E5

C. 按住 Shift 键，并按鼠标左键从 D3 拖动到 E5

D. 按住 Tab 键，并按鼠标左键从 D3 拖动到 E5

38. 比较 MAX(2,4,6,8,10)、ROUND(8.5,0)、INT(8.5)、ABS(-11)的大小，正确顺序为(　　)。

A. ABS(-11) < ROUND(8.5,0) < INT(8.5) < MAX(2,4,6,8,10)

B. ABS(-11) < INT(8.5) < ROUND(8.5,0) < < MAX(2,4,6,8,10)

C. INT(8.5) < ROUND(8.5,0) < MAX(2,4,6,8,10) < ABS(-11)

D. ROUND(8.5,0) < INT(8.5) < MAX(2,4,6,8,10) < ABS(-11)

39. 在 Excel 中，若想使用工作表 Sheet2 中的区域 A1:B2 作为条件区域，在工作表 Sheet1 中进行数据筛选，则指定条件区域应该是(　　)。

A. Sheet2A1:B2　　　　B. Sheet2！A1:B2

C. Sheet2#A1:B2　　　　D. A1:B2

40. 设 A1 单元中有公式 = SUM(B2:D5)，在 C3 单元处插入一列，再删除一行，则 A1 单元中的公式变成(　　)。

A. = SUM(B2:E4)　　　　B. = SUM(B2:E5)

C. = SUM(B2:D3)　　　　D. = SUM(B2: E3)

二、多选题(每题 1 分)

41. 下列属于通用会计核算软件的特点是(　　)。

A. 通用性强　　　　B. 受使用范围和时间限制

C. 系统只适用于个别单位　　　　D. 软件开发水平较高

42. 通常将计算机的发展划分为(　　)阶段。

A. 电子管　　　　B. 晶体管

C. 中小规模集成电路　　　　D. 大规模集成电路

43. 未来的计算机将向(　　)方向发展。

A. 智能化　　　　B. 微型化

C. 网络化　　　　D. 巨型化

44. 与其他计算工具相比，计算机具有(　　)等特点。

A. 运算速度快　　　　B. 计算精度高

C. 存储容量大　　　　D. 具有逻辑判断能力

45. 与其他计算工具相比，计算机具有(　　)等特点。

A. 运算速度快　　　　B. 计算精度高

C. 存储容量大　　　　D. 具有逻辑判断能力

46. 根据计算机的用途划分，可将其分为(　　)。

A. 通用机　　　　B. 大型机

C. 专用机　　　　D. 小型机

47. 下列哪些部件可构成计算机的主机。(　　)。

A. 硬盘　　　　B. CPU

C. 显示器　　　　D. 内存

48. 一台微机必备的输入输出设备是(　　)。

A. 键盘　　B. 鼠标

C. 内存　　D. 显示器

49. 计算机的(　　)共同称为计算机的外围设备。

A. 输入设备　　B. 鼠标

C. 外存储器　　D. 输出设备

50. 计算机系统的性能指标主要有(　　)。

A. 字长　　B. 主频

C. 存储容量　　D. 运算速度

51. 计算机网络的功能主要有(　　)。

A. 资源共享　　B. 信息传送

C. 分布处理　　D. 人工智能

52. 会计核算软件必须具备以下初始功能(　　)。

A. 输入会计核算所必需的期初数据及有关资料，包括总分类会计科目和明细分类会计科目名称、编号、年初数、累计发生额及有关数量指标等

B. 输入需要在本期进行对账的未达账项

C. 明确操作人员的岗位分工情况，包括操作人员姓名、操作权限、操作密码等

D. 会计核算软件中采用的总分类会计科目名称、编码方法，可以由企业自行规定

53. 电算化会计岗位中，软件操作岗位与(　　)岗位为不相容岗位。

A. 审核记账　　B. 电算维护

C. 电算主管　　D. 电算审查

54. 对于选中的文件，可以实现删除操作的是(　　)。

A. 在键盘上按 Del 键

B. 在“文件”菜单中选择“删除”命令

C. 用鼠标右键单击被选择的对象，打开快捷菜单，然后选择“删除”命令

D. 在工具栏上选择“删除”按钮

55. 计算机处理汉字时，会用到(　　)编码。

A. 输入码　　B. 内码

C. 交换码　　D. 输出码

56. 汉字输入方式中，属于非键盘输入的方式有(　　)。

A. 音码输入　　B. 语音输入

C. 笔输入　　D. 扫描输入

57. 在 Word 中，能实现首行缩进的操作(　　)。

A. 选择格式菜单中的字体　　B. 选择格式菜单中的段落

C. 利用水平标尺　　D. 选择插入菜单中的分隔符

58. 在 Word 中，对于选中的文字能够实现“复制”功能的操作(　　)。

A. 选择编辑菜单中的复制　　B. 选择工具栏中的复制

C. ctrl + c　　D. 选择右键菜单中的复制

59. 在中文 Word 的“字体”对话框中，可以设定文字的(　　)。

A. 字号、对齐方式　　B. 字体、字号

C. 字体、首行缩进　　D. 颜色、字形

60. 在中文 Word 的"段落"对话框中，可以设定(　　)。

A. 对齐方式　　B. 行间距

C. 段间距　　D. 字体

61. 下列属于 EXCEL 算术运算符的是(　　)。

A. +　　B. ^

C. <　　D. =

62. 在 Excel 中，利用填充功能可以方便地实现( )的填充。

A. 等差数列　　B. 等比数列

C. 多项式　　D. 方程组

63. 向 Excel 工作表的任一单元格输入内容后，都必须确认后才认可。确认的方法是( )。

A. 双击该单元格　　B. 单击另一单元格

C. 按回车键　　D. 单击该单元格

64. 下列方法中，能退出 Excel 软件的方法有(　　)。

A. 双击 Excel 控制菜单图标

B. 使用[文件]菜单的[关闭]命令

C. 使用 Excel 控制菜单的[关闭]命令

D. 单击 Excel 控制菜单图标

65. Excel 软件中地址的形式有(　　)。

A. 绝对地址　　B. 相对地址

C. 混合地址　　D. 交叉地址

66. 用友软件中，关于账套主管的说法正确的是(　　)。

A. 一个账套可以设定多个账套主管

B. 账套主管自动拥有该账套的所有权限

C. 一个账套可以不设定账套主管

D. 账套主管是由系统管理员设定的

67. 用友软件中，设置会计科目包括(　　)。

A. 建立会计科目　　B. 修改会计科目

C. 删除会计科目　　D. 指定会计科目

68. 用友软件中，"银行存款"科目通常会选择(　　)辅助核算。

A. 日记账　　B. 银行账

C. 外币核算　　D. 客户往来

69. 用友软件中，填制凭证的功能通常包括(　　)。

A. 增加凭证　　B. 修改凭证

C. 删除凭证　　D. 查询凭证

70. 用友软件中，填制凭证时输入会计科目的方法有(　　)。

A. 输入科目编码　　B. 输入科目名称

C. 输入助记码　　D. 选择输入

三、判断题(每题 1 分)

71. 企业资源计划(简称 ERP)软件中用于处理会计核算数据部分的模块不属于会计核算软件的范畴。(　)

72. 单用户会计核算软件就是指只能将会计核算软件安装在一台计算机上。(　)

73. 计算机病毒具有潜伏性，仅在某些特定的日子才发作。(　)

74. 下载是指将文件从本地计算机传输到远程服务器的过程。(　)

75. 会计软件试运行过程中，应当以计算机打印的记账凭证作为会计档案进行保存。(　)

76. 自行编制的会计软件，程序编制人员可以进行凭证录入工作。(　)

77. 对于机内会计账簿生成的会计报表数据，会计软件应该提供直接修改功能。(　)

78. 职员档案主要用于本单位职员的个人信息资料，设置职员档案可以方便地进行个人往来核算和管理等操作。(　)

79. 填制凭证时证时，金额不能为"零"，红字以"－"号表示。(　)

80. 现已经输入并审核通过或者登账的记账凭证有错误的，应当采用红字凭证冲销法或者补充凭证进行更正。(　)

81. 报表系统中，一张报表最多可容纳 99,999 张表页，一个报表中的所有表页具有相同的格式，但其中的数据不同。(　)

82. 用友报表系统中，审核公式用于审核报表内或报表之间的勾稽关系是否正确。审核公式不是必须定义的。(　)

83. 在 Word"打印预览"状态下，可以对文档进行文字编辑排版操作。(　)

84. 网络浏览是通过"网上邻居"来完成的，使用"网上邻居"浏览网络就像浏览本机硬盘一样方便。(　)

85. 当 Excel 屏幕底部状态栏中显示"CAPS"时，表示系统处于小写状态。(　)

四、操作题(共 15 分)

1. Windows 操作(3 分)

(1)在 D:盘根下分别建立 d1 文件夹，在 d1 下建立 d11 文件夹

(2)搜索 notepad. exe 文件，将其复制到 d1 文件夹中。

(3)将 d1 中的文件 notepad. exe 复制到 d11 中。

(4)将 d11 中的 notepad. exe 改名为 dd. exe。

(5)将 d1 中的文件 notepad. exe 删除。

(6)将 d11 中 dd. exe 设置为"隐藏"属性。

2. Word 文字处理操作(6 分)

考试要求：

(1)将标题设置为"黑体"、三号、居中。

(2)将两段文字的首行缩进设置为"2 字符"。

(3)将两段文字的行间距设置为"1.5 倍行距"。

= =

Excel 概述

Excel 是一种功能强大、使用方便，并且以"表格"形式进行数据综合管理与分析的电子表

格软件，可广泛应用于财务、金融、贸易、统计、审计、行政等领域。

Excel 是运行于 Windows 环境下的电子表格软件，具有电子表格处理、图形处理和数据库管理三大功能。

3. Excel 表格处理操作(6 分)

考试要求：

(1)将标题字体设为"隶书"26 磅，下划线。

(2)计算每名员工的应发工资和实发工资。

(3)工资栏目和姓名居中显示，所有工资数据右对齐显示。

= =

工资明细表

姓名	基本工资		奖金	应发工资	扣款	实发工资
	标准工资	津贴				
刘东	1000	300	400		50	
张西	1200	400	450		60	
王南	1500	500	520		90	
赵北	1450	480	460		80	

会计从业资格考试《初级会计电算化》模拟试题二答案与解析

一、单选题

1. 答案:A

解析:在 ASCⅡ码表中，按照 ASCⅡ码值从小到大排列的顺序是数字、英文大写字母、英文小写字母。因此，英文大写字母的 ASCⅡ码值一定比英文小写字母的 ASCⅡ码值小，而英文大写字母的 ASCⅡ码值又是按照 A,B,C,D……Z 这样的顺序由小到大排列的，所以本题中 ASCⅡ码值最小的是 B。

2. 答案:C

解析:计算机辅助设计的英文缩写是 CAD;计算机辅助制造的英文缩写是 CAM;计算机辅助教学的英文缩写是 CAI。

3. 答案:B

解析:CPU 执行指令的速度远远高于内存的读写速度，由于 CPU 每执行一条指令都要访问内存多次，因此内存的访问速度制约了 CPU 执行指令的效率。引进高速缓冲存储器(Cache)技术就是为了解决 CPU 与内存之间速度不匹配的问题。

4. 答案:B

解析:计算机中数据的最小单位就是二进制的一位数，简称位，英文名称是 bit，音译为"比特"，而计算机存储器中最小的存储单元是字节(简称 B)。因此，某一台微型计算机的内存容量为 128M，指的是 128M 字节。

5. 答案:D

解析:存储器的最小存储单位是字节(Byte，简称 B)。描述存储器容量通常用的单位有 KB、MB、GB、TB，它们之间的换算关系如下:1TB = 1024GB = 1024 × 1024MB = 1024 × 1024 ×

$1024KB = 1024 \times 1024 \times 1024 \times 1024B$

6. 答案:A

解析:在1.44MB软盘的所有磁道中,最外圈的是0道,它是软盘中最重要的磁道。

7. 答案:C

解析:键盘、鼠标、扫描仪都是输入设备。其中,扫描仪可以将图片输入到计算机内。而绘图仪是输出设备。

8. 答案:B

解析:操作系统是对计算机系统中的软件和硬件资源进行有效管理和控制的软件,它合理地组织计算机的工作流程,为用户提供一个使用计算机的工作环境,起到用户和计算机之间的接口作用。因此,操作系统不但要负责管理内存储器,也要管理外存储器。

9. 答案:D

解析:计算机中网络通信协议IP指的是网际协议。

10. 答案:C

解析:为明确区分Internet上的每一台主机,Internet为网上的每台主机都分配了唯一的地址,该地址由纯数字组成,称为IP地址。IP地址是一个32位的二进制数,为方便使用,通常把32位IP地址表示成4组十进制数,组与组之间用圆点进行分隔,如202.215.208.11。

11. 答案:D

解析:电子邮件地址的一般格式为:<用户名>@<电子邮件服务器名>。这里的用户名是由用户在申请电子信箱时自己确定的。邮件服务器地址通常采用该主机的域名地址。显然,合法的电子邮件地址是wang@em.hxig.com.cn。

12. 答案:D

解析:在Word文档编辑中,可以用鼠标拖动的方法实现文本块的移动。具体操作是,先选定Word文本块,然后直接拖动鼠标。

13. 答案:C

解析:选择会计软件时,应选择原版产品。一方面,是为了保护软件著作权;另一方面,购买原版软件还有以下优点:原版产品质量可靠、能得到厂家稳定的售后服务;原版产品后续开发能力强、可定期作版本升级;原版会计软件安全性强,性能稳定。

14. 答案:A

解析:企业实现会计电算化以后,建立各种管理制度是保障会计电算化顺利进行的最重要的一个环节。

15. 答案:D

解析:用计算机替代手工核算会计账目的目的,是为了减轻会计人员的工作负担,所以在移植过程中,不应改变账目,使两者之间具有连续性和继承性。

16. 答案:C

解析:数据录入员、系统管理员、程序设计员不能兼任两种或两种以上的岗位,以免造成串岗带来的问题。

17. 答案:D

解析:根据《会计核算软件基本功能规范》的有关规定,记账凭证的编号必须满足以下几项要求:同一类型的记账凭证必须保证当月凭证编号的连续;必须由会计核算软件自动产生凭证编号;如果分类，应分类编号等。

18. 答案:B

解析:以只读方式打开 Word 文件，进行某些修改之后再保存时，应使用“文件”菜单中的“另存为”命令，将修改之后的文档以新的文件名或新的路径进行保存。否则，无法保存修改后的文档内容。

19. 答案:B

解析:在 Word 文档编辑中，选定表格的一列，再执行“编辑”菜单中的“剪切”命令，则删除选定列，表格减少一列。

20. 答案:D

解析:在 Word 文档编辑中，在“文件”菜单底部列出的文件名表示最近用 Word 处理过的文档。

21. 答案:D

解析:打开一个 Word 文档是指把文档内容从磁盘调入到内存并显示在屏幕上。

22. 答案:A

解析:若要显示或打印汉字，将用到汉字编码中的字形码(也称汉字输出码或汉字字模);若要从键盘上键入汉字，将用到汉字编码中的输入码(也称外码);若要存储汉字，将要用到汉字编码中的机内码(也称内码或汉字存储码);计算机若要与其他系统或设备交换汉字信息，则要用到交换码(也称国标码)。

23. 答案:B

解析:在 Windows“回收站”中，存放的只能是本机硬盘上被删除的文件或文件夹。

24. 答案:D

解析:对应于常用工具栏里“剪切”按钮的快捷键是 Ctrl + X，“复制”按钮的快捷键是 Ctrl + C，“粘贴”按钮的快捷键是 Ctrl + V。

25. 答案:C

解析:在 Windows 2000 环境中，对磁盘文件进行管理的常用工具是“资源管理器”和“我的电脑”。

26. 答案:B

解析:单击“文件”菜单中的“关闭”命令，只能关闭当前编辑的文档，不能关闭 Word 应用程序。

27. 答案:C

解析:在 16×16 点阵字库中，存储一个汉字的字模信息需用的字节数:$16 \times 16 \div 8 = 32B$。

28. 答案:B

解析:Windows 启动时自动执行磁盘扫描程序，可能是由于上一次使用计算机时，非正常关机所致。

29. 答案:C

解析:Word 窗口的顶部是标题栏，用于显示 Word 程序图标、文档名称、窗口控制按钮等。标题栏下是菜单栏，菜单栏下是工具栏，Word 窗口的底部是状态栏。

30. 答案:B

解析:Windows 环境中，文件有下列几种属性:系统、隐藏、只读与存档。

31. 答案:B

解析:系统管理员(admin)可以进行账套的建立、引入和输出,设置操作员和账套主管,设置和修改操作员的密码及其权限等,而账套主管负责对所选账套进行修改、对年度账进行管理,以及该账套操作员权限的设置等。所以系统管理员不能对账套进行修改。

32. 答案:A

解析:只有A答案与编码方案一致,总级长为8位。

33. 答案:D

解析:辅助账标记要求设在最底层的科目上。辅助账一经定义并使用,不要随意进行修改,以免造成账簿数据的混乱。

34. 答案:D

解析:记账一般采用向导方式,使记账过程更加明确,记账工作由计算机自动进行数据处理,不用人工干预。记账操作每月可多次进行。

35. 答案:B

解析:结账后,不能输入本月凭证,但可输入下月凭证。

36. 答案:B

解析:账务函数的基本格式为:函数名("科目编码",会计期间,["方向"],[账套号],[会计年度],[编码1],[编码2])。QM()函数表示取某科目的期末余额。

37. 答案:B

解析:选择不连续区域的方法是,先选择第一个区域,然后选择第二个区域,当鼠标指针第二个区域的左上角后,按住Ctrl键再按住鼠标左键拖动光标到第二个区的右下角。所以答案为B。

38. 答案:C

解析:MAX(2,4,6,8,10)=10,ROUND(8.5,0)=9,INT(8.5)=8,ABS(-11)=11,所以答案是C。

39. 答案:B

解析:在EXCEL中,地址的一般形式为:工作表名!单元格地址,所以答案应该为B。

40. 答案:A

解析:设A1单元中有公式=SUM(B2:D5),在C3单元处插入一列,再删除一行,则A1单元中的公式变成"=SUM(B2:E4)"。

二、多选题

41. 答案:AD

解析:与专用会计软件相比,通用会计核算软件具有以下特点:

(1)通用性强。

(2)成本相对较低。

(3)维护量小,且维护有保障。

(4)软件开发水平较高。

(5)开发者决定系统的扩充与修改。

(6)专业性差。

42. 答案:ABCD

解析:按照计算机基本开关逻辑部件所使用的物理器件的变迁为依据，我们通常将计算机的发展过程划分为四个阶段:电子管计算机(第一代计算机)、晶体管计算机(第二代计算机)、中小规模集成电路计算机(第三代计算机)、大规模集成电路计算机(第四代计算机)。

43. 答案:ABCD

解析:目前，计算机正在向智能计算机和神经网络计算机的方向发展。每个阶段在技术上都是一次新的突破，在性能上也是一次质的飞跃 44. 答案:ABCD

解析:计算机与其他计算工具相比，有以下特点:1. 运算速度快;2. 计算精度高;3. 存储容量大;4. 具有逻辑判断能力;5. 具有自动执行程序的能力

45. 答案:ABC

解析:前三项均为电子计算机，机械计算机不是电子计算机。

46. 答案:AC

解析:根据计算机的用途划分，又可将其分为通用机和专用机两种。其中通用机能解决多种类型的问题，一般的数字电子计算机都属于此类。专用机是为解决某个特定问题而专门设计的计算机。

47. 答案:BD

解析:硬盘和显示器属于计算机的外部设备

。48. 答案:ABD

解析:内存不属于输入输出设备。

49. 答案:ACD

解析:内存属于主机的一部分。

50. 答案:ACD

解析:主频是反映 CPU 的性能指标。

51. 答案:ABC

解析:人工智能属于计算机的应用领域，而非计算机网路功能。

52. 答案:ABC

解析:会计核算软件中采用的总分类会计科目名称、编码方法，右财政部统一规定。

53. 答案:ABD

解析:电算主管可进行软件的操作。

54. 答案:ABCD

解析:四种方法实现 WINDOWS 的操作命令。

55. 答案:ABCD

解析:在汉字处理的不同阶段分别会用到这四种编码。

56. 答案:BCD

解析:音码输入属于键盘输入。

57. 答案:BC

解析:答案 A 和 D 均不能实现正确操作。

58. 答案:ABCD

解析:WORD 中，实现操作命令的方法有四种:一是菜单法、二是工具栏法、三是快捷键法、四是快捷菜单法。

59. 答案:BD

解析:对齐方式和首行缩进属于段落设置的内容。

60. 答案:ABC

解析:字体不出现在 Word 的“段落”对话框中。

61. 答案:AB

解析:答案 CD 属于关系运算符。

62. 答案:AB

解析:Excel 中,没有多项式和方程组的填充。

63. 答案:BC

解析:双击该单元格和单击该单元格都不能表示确认。

64. 答案:AC

解析:使用[文件]菜单的[关闭]命令关闭的是文档窗口。单击 Excel 控制菜单图标,是弹出操作菜单。

65. 答案:ABC

解析:Excel 软件中没有交叉地址。66. 答案:ABD 解析:一个账套必须设定账套主管。

67. 答案:ABCD

解析:此四项均为设置会计科目的内容。

68. 答案:ABC

解析:客户往来辅助核算通常设置在应收账款科目下。

69. 答案:ABCD

解析:此四项均为填制凭证的内容。

70. 答案:ABCD

解析:用友软件中,填制凭证时输入会计科目的方法有多种,常用输入科目编码或选择输入。

三、判断题

71. 答案:错

解析:企业资源计划(简称 ERP)软件中用于处理会计核算数据部分的模块也属于会计核算软件的范畴。

72. 答案:错

解析:单用户会计核算软件是指将会计核算软件安装在一台或几台计算机上,每台计算机中的会计核算软件单独运行,生成的数据只存储在各自的计算机中,计算机之间不能直接实现数据交换和共享。

73. 答案:错

解析:有些计算机病毒进入系统后并不立即发作,而是长期隐藏在系统中,等待满足特定的触发条件时才发作。这些触发条件是病毒设计者预先设计的,不仅包括日期或时间,还可能是文件运行的次数等。这些病毒就像定时炸弹一样,平时隐藏得很好,一旦触发条件出现,便立即发作,危害计算机系统。

74. 答案:错

解析:文件传输分为上载(Upload)和下载(Download)两种方式。所谓下载文件就是将所

连接系统中的文件传输到用户系统的磁盘中

。上载文件是下载文件的逆操作，就是把文件从用户系统的磁盘上传送到所连接的系统中。

75. 答案：对

解析：会计软件试运行过程中，应以计算机打印的记账凭证作为会计档案进行保存，其目的是为了更快更好地替代手工操作。

76. 答案：错

解析：由于程序编制人员具备良好的编程能力，况且又亲自参与到软件的编制过程中，因此对于自行编制的会计软件，程序编制人员绝对不允许进行凭证录入工作。

77. 答案：错

解析：对于机内会计账簿生成的会计报表数据，会计软件不能提供直接修改功能。

78. 答案：对

解析：职员档案主要用于本单位职员的个人信息资料，设置职员档案可以方便地进行个人往来核算和管理等操作。

79. 答案：对

解析：金额，即该笔分录的借方或贷方本币发生额，金额不能为零，但可以是红字，红字以负数形式输入。

80. 答案：对

解析：发现已经输入并审核通过或者登账的记账凭证有错误的，应当采用红字凭证冲销法或者补充凭证进行更正。

81. 答案：对

解析：一个 UFO 报表最多可容纳 99,999 张表页，一个报表中的所有表页具有相同的格式，其中的数据通常不相同。

82. 答案：对

解析：关键字主要有六种：单位名称、单位编号、年、季、月、日，另外还可以自定义关键字。用户可以根据自己的需要设置相应的关键字。

83. 答案：对

解析：在 Word 打印预览状态下，可以对文档进行文字编辑排版操作。

84. 答案：错

解析：网络浏览是通过“网上邻居”来完成的，但使用“网上邻居”浏览网络是有一定条件的，例如网络资源是否被设置成共享状态、用户是否被授权使用等，所以并非像浏览本机硬盘一样方便。

85. 答案：错

解析：当 Excel 屏幕底部状态栏中显示“CAPS”时，表示系统处于大写状态。

第五篇 《初级会计电算化》试题及答案三

一、单项选择题。(每小题1分，共40分。每题只有一个正确答案，请将答案填涂在答题卡的相应位置。)

1. 目前计算机应有最广泛的领域是(　　)。

A. 科学计算　　B. 过程控制　　C. 信息处理　　D. 计算机通信

2. 会计电算化的作用主要是(　　)。

A、发展计算机技术　　B、提高经营管理水平

C、增加会计人员就业　　D、提高会计人员工资

3. PC机是指(　　)。

A、个人计算机　　B、服务器　　C、终端计算机　　D、计算机辅助设备

4. 下面不属于计算机输出设备的是(　　)。

A、显示器　　B、磁盘和磁碟　　C、打印机　　D、绘图仪

5. 一个完整的计算机系统是由(　　)组成。

A、硬件系统和软件系统　　B、键盘和显示器

C、内存和外存　　D、系统软件和应用软件

6. 一般情况下一个会计期间的会计凭证只有在上一个会计期间已结账的情况下才能输入，但在()可以例外。

A、月末　　B、季末　　C、年末　　D、特别批准

7. (　　)负责定义各操作人员的权限。

A、单位负责人　　B、主管财务的单位负责人

C、电算主管　　D、三者都可以

8.《会计电算化工作规范》规定，对会计软件的全套文档资料以及会计软件程序，保管截至日期是该软件停止使用或有重大更改之后()年。

A、1年　　B、3年　　C、1－3年　　D、5年

9. 在会计工作从手工核算向电算化过渡时，需要整理各账户余额，如果在()建账时，只需要整理各账户期初余额。

A、年初　　B、年中某月　　C、年末　　D、某季度末

10.《会计电算化工作规范》规定，会计电算化初期，选择(　　)会计软件。

A、通用　　B、自行开发　　C、委托开发　　D、联合开发

11. 电算化会计核算基本流程正确的是(　　)。

A、编制记账凭证、凭证审核、记账、结账、编制报表

B、编制记账凭证、凭证审核、结账、记账、编制报表

C、编制报表、凭证审核、记账、结账、编制记账凭证

D、编制报表、凭证审核、结账、记账、编制记账凭证 J

12. 在设置科目的余额方向时，应根据(　　)确定科目方向。

A、科目的名称　　B、科目的性质　　C、科目的代码　　D、科目的级次

13. 当记账凭证录入完毕存盘时，系统会自动对输入(　　)进行检验，如果不正确，系统会拒绝保存。

A、借贷方金额　　B、借贷方科目　　C、凭证摘要　　D、凭证名称

14. 在凭证审核中，发现的错误凭证，应由(　　)修改。

A、凭证的审核人　　B、凭证的录入者　　C、会计主管　　D、都可以

15. (　　)是报表业务中工作量最大、准确性要求最高的部分。

A、报表录入　　B、报表分析　　C、报表输出　　D、报表定义

16. (　　)负责会计程序的维护，必须精通计算机程序设计和会计业务，熟悉系统并有一定的软件开发经验。

A. 硬件维护员　　B. 软件维护员　　C. 系统管理员　　D. 系统审核员

17. 我国的会计核算软件主要为了(　　)

A. 进行测试　　B. 进行职称考试　　C. 进行账务处理　　D. 防止舞弊行为

18. 国外先进的工业国家，会计电算化工作从20世纪(　　)年代开始。

A. 30　　B. 40　　C. 50　　D. 60J

19. 财政部于1994年7月发布了(　　)

A.《会计核算软件基本功能规范》　　B.《会计档案管理办法》

C.《会计基础工作规范》　　D.《会计电算化工作规范》

20. 会计电算化环境下，属于审核记账员的责任是(　　)

A. 修改凭证　　B. 输入数据　　C. 备份数据　　D. 登记机内账簿

21. 以下不属于初始化设置的内容的有:(　　)

A. 设置权限　　B. 设置会计科目　　C. 设置凭证类别　　D. 设置报表公式

22. 往来业务数据编辑输入是对手工核算时(　　)的输入

A. 往来已达账项　　B. 往来未达账项　　C. 往来业务凭证　　D. 往来业务报表

23. 会计报表系统中，运算公式应在(　　)之后完成。

A. 报表格式定义　　B. 报表打印　　C. 报表编制　　D. 报表输出

24. 工资分类汇总表是对(　　)职工的汇总 JAp 江苏财经

A. 全体某类　　B. 全部分类　　C. 某类某部门　　D. 一类 J

25. 计算机的工作简单说是由数据输入、数据加工处理和(　　)三部分组成。

A. 存储工作　　B. 打印工作　　C. 处理工作　　D. 数据输出工作

26. 电算操作人员有权(　　)

A. 请人代输　　B. 拒绝输入没有审核的凭证

C. 修改数据库　　D. 改动数字

27. 在我国首次提出会计电算化的时间是(　　)年

A. 1982　　B. 1979　　C. 1975　　D. 198

28. 计算机技术用于会计工作的初期主要用于会计业务的(　　)

A. 综合处理　　B. 单项处理　　C. 独立处理　　D. 程序处理

29、会计核算软件的核心是(　　)

A、报表系统　　B. 采购系统　　C. 账务处理系统　　D. 成本核算系统

30、E－mail 地址 ZZZ@yahoo.com.cn 中，(　　)表示用户名。

A. yahoo. com. cn　B. ZZZ　C. com　D. cn

31. 出纳不能兼任(　)工作

A. 现金业务的签字　B. 负责银行对账业务

C. 审核现金凭证　D. 核销银行账

32. 某企业使用了3222的会计科目的编码方案，请问，1010101科目是(　)

A. 一级科目　B. 二级科目　C. 三级科目　D. 四级科目

33. 如果某类凭证要求必须在贷方出现某一科目，应该选择(　)限制类型的凭证。

A. 借方必无　B. 贷方必有　C. 借方必有　D. 贷方必无

34. 如果一个操作员对自己编制的凭证进行审核，会出现(　)结果。

A. 系统要求退出并存盘　B. 系统无法运行

C. 系统要求更换操作员　D. 系统要求批处理审核

35. 账务系统与工资核算系统之间的数据应通过(　)自动完成的。

A. 自动转账凭证　B. 报表传递

C. 自动转账功能　D. 软盘传递

36. 会计报表处理系统中，每月都需要调用的功能是(　)。

A、报表格式定义　B、报表公式定义

C、编制报表　D、定义报表名称

37. 会计报表处理系统中，某一会计期间在任何条件均未改动的情况下，报表经过一次编制和多次编制的结果是( )。

A、不同　B、不一定相同　C、相同　D、不确定

38. 用户在会计报表处理系统对资产负债报表公式单元进行公式定义时，会使用( )。

A、财务函数　B、工资函数　C、固定资产函数　D、应收、应付函数

39. WINDOWS98 把用户删除的硬盘上的文件夹和快捷方式放入( )。

A、我的电脑　B、回收站　C、我的文档　D、网上邻居

40. WINDOWS98 中文件夹的组织结构形式是一种( )。

A、树形结构　B、表格结构　C、网状结构　D、线性结构

二、多项选择题。(每小题2分，共40分。每题有多个正确答案，请将所有答案填涂在答题卡的相应位置。多选、少选均不得分。)

1. 会计核算软件主要是替代了手工会计的(　)等工作。

A、记账　B、算账　C、审核　D、报表生成

2. 以下软件中(　)属于应用软件。

A、文字处理软件　B、表格处理软件　C、游戏软件　D、会计核算软件

3. 计算机病毒具有(　)的特点。

A、隐蔽性　B、感染性　C、潜伏性　D、破坏性

4. 会计电算化条件下，输入的会计数据主要包括(　)。J

A、原始凭证数据　B、记账凭证数据　C、报表数据　D、初始数据

5. 会计电算化的工作岗位可分为(　)。

A、基本会计岗位　B、电算化会计岗位　C、系统开发岗位　D、审计岗位

6. 在整理手工会计业务时，重新核对各类凭证和账簿，要求做到(　)相符。

A、账证 B、账账 C、账实 D、证实

7. 辅助核算项目设置的内容主要包括( )。

A、往来单位核算 B、部门核算 C、设备核算 D、项目核算

8. 凭证录入时的控制性措施主要包括( )几个方面。

A、凭证类别和编号 B、凭证金额 C、制单日期 D、会计科目

9. 有关结账的正确说法( )。

A、若指定月份月末有尚未记账的凭证，则不允许结账

B、若指定月份月末有尚未审核的凭证，则不允许结账

C、上个月未结账，下一个月不能记账

D、指定月份月末结账后，不能再输入当月的记账凭证

10. 存储器可以分为( )

A. 基本存储器 B. 辅助存储器 C. 外存储器 D. 内存储器

11. 核算型软件包括( )

A. 财务分析 B. 材料核算 C. 成本核算 D. 交纳税金

12. 大型企业的电算化岗位( )

A. 可由会计主管兼任审核记账 B. 每个岗位应该独立

C. 单独设置出纳员 D. 可以把软件操作员和维护员设置为一个人

13. 对于记账员来说，如果记账员已经开始记账，那么( )

A. 记账员可以被删除 B. 记账员可以根据情况增加权限

C. 记账员可以被注销 D. 记账员的某些权限可以被禁止

14. 计算机启动方式有( )

A. 热启动 B. 复位启动 C. 同时按下 CTRL + ALT + DEL D. 按 F1

15. 科目编码可以是( )

A. 数字 B. 文字 C. 字母 D. 符号

16. 内部存储器和外部存储器相比有( )特点。

A. 容量小 B. 速度快 C. 容量大 D. 速度慢

17. 商品化会计软件一般包括( )基本功能模块

A. 总账 B. 工资软件 C. 应收账款 D. 应付账款

18. 成本核算的初始化主要过程包括( )

A. 部门设置 B. 产品目录代码 C. 输入期初在产品成本 D. 定额资料

19. 固定资产的自动编码有( )等形式。

A. 部门编码 + 类别编码 + 序号 B. 部门编码 + 固定资产编号

C. 类别编码 + 序号 D. 部门编码 + 序号

20. 辅助核算科目主要包括( )科目。

A. 项目辅助 B. 部门辅助

C. 现金辅助 D. 银行存款辅助

三、判断题。(每小题 1 分，共 20 分。请将答案填涂在答题卡的相应位置，本题不倒扣分。)

1. 实现会计电算化后，会计数据的处理流程依旧和手工会计核算基本相同。

2. 会计电算化使财务会计管理由事后管理向事中控制、事先预测转变。

第五篇

3. 计算机病毒本质上仍然是一种计算机程序。

4. 会计核算软件中的文字输入、提示、打印输出必须同时采用中文和少数民族文字或者外国文字对照的形式。

5. 在会计软件中，对数据查询功能有统一的格式和内容要求，必须符合国家统一会计制度。

6. 在手工会计核算中，需要根据企业规模、会计业务繁简程度，选择不同的账务处理程序，而实现会计电算化后，则不存在此问题。

7. 会计主管可以兼任电算化主管。

8. 会计科目编码采取科目编码全方案，即"本级科目全编码 = 上一级科目编码 + 本级科目编码"。

9. 会计软件系统也是会计电算化档案。

10. 在中小企业中，可以一人兼任多个工作岗位，如由会计人员兼任软件操作员和出纳。

11. 一般来说，电算主管具有会计电算化系统的最高权限。

12. 并不是所有科目都需要进行外币核算、数量核算设置。

13. 实现电算化后，第一次使用报表也需要进行报表初始化。

14. 往来管理模块中的往来客户设置，主要是建立各往来科目下各个往来客户的档案。

15. 会计报表系统中，报表备份功能只完成报表数据的备份。

16. 电算化信息系统中，计算机自动处理会计数据，会计基础工作规范化也不需要了。

17. 会计电算化改变了内部会计控制制度的控制方式、控制对象和许多具体制度。

18. 单位名称可以区分不同的账套。

19. 软件分为数据库软件、系统软件、应用软件。

20. 制单人发现自己登记错误某笔业务，不能够立即修改，只能审核以后进行修改。

参考答案：

一、单项选择题

1、B 2、B 3、A 4、B 5、A 6、C 7、C 8、D 9、A 10、A

11、A 12、B 13、A 14、B 15、D 16、B 17、C 18、C 19、A 20、D

21、D 22、B 23、A 24、A 25、D 26、B 27、D 28、B 29、C 30、B

31、C 32、C 33、B 34、C 35、C 36、C 37、C 38、A 39、B 40、A

二、多项选择题

1、ABD 2、ABCD 3、ABCD 4、ABD 5、AB 6、ABC 7、ABD 8、ABCD 9、ACD 10、CD 11、BC 12、BC 13、BCD 14、ABC 15、AC 16、AB

17、ACD 18、BCD 19、ACD 20、AB

三、判断题

1、正 2、正 3、正 4、错 5、错 6、正 7、正 8、错 9、正

10、错 11、正 12、正 13、正 14、正 15、错 16、错 17、正 18、正 19、错 20、错

第六篇　财政部《初级会计电算化》考试大纲

第一章　会计电算化概述

一、会计电算化

（一）会计电算化的概念

会计电算化的概念有广义和狭义之分。狭义的会计电算化是指以电子计算机（以下简称计算机）为主体的当代电子信息技术在会计工作中的应用；广义的会计电算化是指与实现会计工作电算化有关的所有工作，包括会计电算化软件的开发和应用、会计电算化人才的培训、会计电算化的宏观规划、会计电算化的制度建设、会计电算化软件市场的培育与发展等。

（二）会计电算化的作用

（1）提高会计数据处理的时效性和准确性，提高会计核算的水平和质量，减轻会计人员的劳动强度；

（2）提高经营管理水平，使财务会计管理由事后管理向事中控制、事先预测转变，为管理信息化打下基础；

（3）推动会计技术、方法、理论创新和观念更新，促进会计工作进一步发展。

（三）会计电算化的管理体制

我国会计电算化的管理体制是：财政部管理全国的会计电算化工作，地方各级财政部门管理本地区的会计电算化工作，各单位在遵循国家统一的会计制度和财政部门会计电算化发展规划的前提下，结合本单位具体情况，具体组织实施本单位的会计电算化工作。

财政部门管理会计电算化的基本任务是：制定会计电算化发展规划并组织实施；制定会计电算化法规制度，对会计核算软件及生成的会计资料符合国家统一的会计制度情况实施监督；促进各单位逐步实现会计电算化，提高会计工作水平；组织开展会计电算化人才培训。

二、会计核算软件

（一）会计核算软件的概念

会计核算软件是指专门用于会计核算工作的计算机应用软件，包括采用各种计算机语言编制的用于会计核算工作的计算机程序。凡是具备相对独立完成会计数据输入、处理和输出功能模块的软件，如账务处理、固定资产核算、工资核算软件等，均可视为会计核算软件。

企业应用的企业资源计划（Enterprise Resources Planning，简称ERP）软件中用于处理会计核算数据部分的模块，也属于会计核算软件范畴。

（二）会计核算软件的分类

会计核算软件分为通用会计核算软件和专用会计核算软件两种。通用会计核算软件一般是指由专业软件公司研制，公开在市场上销售，能适应不同行业、不同单位会计核算与管理基本需要的会计核算软件。目前我国通用会计核算软件以商品化软件为主。专用会计核算软件一般是指由使用单位自行开发或委托其他单位开发，供本单位使用的会计核算软件。

（三）会计核算软件的功能模块

会计核算软件的功能模块是指会计核算软件中有相对独立的会计数据输入、处理和输出功能的各个组成部分。

会计核算软件一般分为账务处理、应收/应付款核算、工资核算、固定资产核算、存货核算、销售核算、成本核算、会计报表生成与汇总、财务分析等功能模块。其中账务处理模块是会计核算软件的核心模块，该模块以记账凭证为接口与其他功能模块有机地连接在一起，构成完整的会计核算系统。

第二章　会计电算化的工作环境

一、计算机一般知识

(一)计算机及其种类

计算机是一种按程序自动进行信息处理的通用工具。

计算机可按多种标准分类。从用户应用角度，一般可将计算机分为微型计算机(也称个人计算机)、服务器、终端计算机等。

(二)计算机的性能指标

计算机的性能指标是衡量计算机系统功能强弱的主要指标，主要有：

(1)计算机速度。也称主频或时钟频率。它是指计算机在单位时间里处理计算机指令的数量，是表示计算机运算速度的主要性能指标。时钟频率越高，计算机的运算速度越快。时钟频率的单位是兆赫(MHZ)。如通常说的“486 微机”、“586 微机”就是计算机速度的一种表示方式。

(2)字长。字长是计算机信息处理中能同时处理的二进制数据的长度。字长标志计算机的精度和处理信息的能力。一般个人计算机字长以 32 位、64 位为主，服务器的字长一般都在 64 位、128 位以上。

(3)存储容量。存储容量是指计算机存储器所能存储的二进制信息的总量，它反映了计算机处理信息时容纳数据量的能力。存储容量以字节为单位，每 1024 个字节称为 1KB，每 1024KB 字节称为 1MB，每 1024MB 字节称为 1GB。

(三)计算机的应用领域

(1)信息处理。信息处理是指计算机对信息进行记录、整理、统计、加工、利用、传播等一系列活动的总称。信息处理是目前计算机最主要的应用领域，包括办公自动化、管理信息系统、专家系统等。会计电算化属于信息处理应用领域。

(2)科学计算。科学计算是指用计算机完成科学研究和工程技术等领域中涉及的复杂的数据运算。科学计算是计算机最早应用的领域。

(3)过程控制。过程控制是指计算机及时采集检测数据，按最佳值迅速对控制对象进行自动调节，从而实现有效的控制。

(4)计算机辅助系统。计算机辅助系统是指利用计算机来帮助人类完成相关的工作。常用的计算机辅助系统有计算机辅助设计、计算机辅助制造、计算机辅助教学等。

(5)计算机通信。计算机通信是计算机技术与通信技术相结合而产生的一个应用领域。计算机网络是计算机通信应用领域的典型代表。随着互联网和多媒体技术的迅速普及，网上会议、远程医疗、网上银行、电子商务、网络会计等计算机通信活动进入人们的日常生活。

(6)人工智能。人工智能是指利用计算机模拟人类的智能活动，如判断、理解、学习、问题求解等。

二、计算机硬件

计算机系统由硬件系统和软件系统组成。计算机硬件系统是指组成一台计算机的各种物理装置，它们由各种具体的器件组成，是计算机进行工作的物质基础。

计算机硬件系统由输入设备、输出设备、运算器、存储器和控制器五部分组成。

(一)输入设备

输入设备是指向计算机存储器输入各种信息(程序、文字、数据、图像等)的设备。常用的输入设备有:键盘、鼠标、扫描仪、条形码输入器等。在会计电算化领域，会计人员一般用键盘来完成会计数据或相关信息的输入工作。

(二)输出设备

输出设备是指用来输出计算机处理结果的设备。最常用的输出设备有显示器、打印机、绘图仪等。会计报表、账簿等一般可以用打印机按要求打印输出。(三)运算器

运算器是指在控制器控制下完成加减乘除运算和逻辑判断的计算机部件。运算器是计算机的核心装置之一，在计算过程中，运算器不断从存储器中获取数据，经计算后将结果再返回存储器。(四)存储器

存储器是指计算机系统中具有记忆能力的部件，用来存放程序和数据。存储器分为内存储器和外存储器。内存储器又称为主存储器，一般只存放急需处理的数据和正在执行的程序;外存储器有软盘、硬盘、光盘、U 盘等。实行会计电算化单位的会计资料一般存储在外存储器中。

(五)控制器

控制器是整个计算机的指挥中心，它负责从存储器中取出指令，并对指令进行分析判断后产生一系列的控制信号，去控制计算机各部件自动连续地工作。

三、计算机软件

计算机软件是指在计算机硬件上运行的各种程序及相应的 各种文档资料。计算机软件可分为系统软件和应用软件两大类。

(一)系统软件

系统软件是指用于对计算机资源的管理、监控和维护，以及对各类应用软件进行解释和运行的软件。系统软件是计算机系统必备的软件。系统软件主要包括操作系统、语言处理程序、支撑服务程序、数据库管理系统。如目前许多会计电算化软件采用的 Windows 操作系统，即属于系统软件。

(二)应用软件

应用软件是在硬件和系统软件的支持下，为解决各类具体应用问题而编制的软件。计算机用户日常使用的绝大多数软件，如文字处理软件、表格处理软件、游戏软件等，都是应用软件。会计核算软件也属于应用软件。

(三)计算机程序设计语言

计算机程序设计语言是人与计算机之间进行交流、沟通的语言。程序设计语言分为机器语言、汇编语言和高级语言三种。计算机软件一般通过计算机程序设计语言编制。会计核算软件也是用相应的计算机程序设计语言编写出来的。四、计算机网络

（一）计算机网络概念

计算机网络是现代计算机技术与通信技术相结合的产物，它是以硬件资源、软件资源和信息资源共享和信息传递为目的，在统一的网络协议控制下，将地理位置分散的许多独立的计算机系统连接在一起所形成的网络。

计算机网络的主要功能有：资源共享、信息传送、分布处理。

（二）计算机网络分类

计算机网络通常可分为局域网和广域网。

局域网是一种在小区域内使用的由多台计算机组成的网络。

广域网也叫远程网，是由相距较远的计算机系统或局域网互联而成的计算机网络。

（三）因特网

1. 因特网

因特网也称 Internet，是当今世界上最大的国际性计算机互联网络，是广域网的一种。

2. 因特网的应用

因特网的主要应用领域包括电子邮件、远程登录、文件传输、新闻组、万维网、电子公告板等。从使用者角度，因特网的主要应用领域有浏览网络信息、运行网络应用软件、收发电子邮件等。

3. 网址

Internet 网址是因特网的重要标识，浏览网络信息、运行网络应用软件都必须输入 Internet 网址。Internet 网址主要有以下几种表示方法：（1）IP 地址。Internet 连接无数台网络服务器，为了明确区分每一台主机，就要为每一台入网主机分配一个 IP 地址。IP 地址是用一个 32 位二进制数表示，为阅读方便将其分成四组十进制表示，组间用圆点分隔。例如：172.17.1.4 代表中华人民共和国财政部主机服务器的 IP 地址。

（2）域名。由于 IP 地址不便记忆，所以一般采用与其相对应的域名来表示网址。域名一般用通俗易懂的缩写字表示，其格式如下：WWW. <用户名>. <二级域名>. <一级域名>

例如中华人民共和国财政部网页的域名为：www.mof.gov.cn，其中："cn"是一级域名，表示中国，每个国家都有惟一的一级域名；"gov"是二级域名，表示是政府部门的网站或网页；"mof"是用户名，是中华人民共和国财政部的英文缩写；"www"是 World Wide Web 的缩写，是 Internet 的一种表示方法，也称万维网。

（3）网络文件地址。网络上的所有数据信息，包括文字信息和应用软件，都视为网络文件。为了便于查找，每个网络文件都有惟一的地址，网络文件地址表示格式如下：

<协议>://<服务器类型>. <域名>/<目录>/<文件名>

如：http://news.sina.com.cn/c/2004-12-04/13314432645s.shtml

（4）电子邮件地址。每个收发电子邮件的用户都必须有一个电子邮件地址。电子邮件地址主要用来标识电子邮件用户，以便于处理用户的电子邮件业务。电子邮件地址的一般格式如下：<用户名>@<电子邮件服务器域名>

如 zzz.@yahoo.com.cn 表示一个电子邮件地址。其中：zzz 是电子邮件用户名，yahoo.com.cn 是电子邮件服务器地址。

五、计算机安全

（一）计算机安全隐患及对策

影响计算机安全的主要因素有：

(1)系统故障风险，是指由于操作失误，硬件、软件、网络本身出现故障而导致系统数据丢失甚至瘫痪的风险。

(2)内部人员道德风险，主要指企业内部人员对信息的非法访问、篡改、泄密和破坏等方面的风险。

(3)系统关联方道德风险，是指企业关联方非法侵入企业内部网，以剽窃数据、破坏数据、搅乱某项特定交易或事业等所产生的风险。企业关联方包括银行、供应商、客户等与企业有关联的单位和个人。

(4)社会道德风险，是指来自社会上的不法分子通过互联网对企业内部网的非法入侵和破坏。

(5)计算机病毒，计算机病毒是一种人为蓄意编制的具有自我复制能力并可以制造计算机系统故障的计算机程序。计算机病毒具有隐蔽性、感染性、潜伏性、破坏性的特点。

保障计算机安全的对策有：不断完善计算机安全立法，不断创新计算机安全技术，不断加强计算机系统内部控制与管理。

在会计电算化条件下，加强内部控制和管理是保障会计电算化系统安全的最有效途径。

(二)计算机病毒防范

防范计算机病毒的最有效方法是切断病毒的传播途径，主要应注意以下几点：

(1)不用非原始启动软盘或其他介质引导机器，对原始启动盘实行写保护；

(2)不随便使用外来软盘或其他介质，对外来软盘或其他介质必须先检查，后使用；

(3)做好系统软件、应用软件的备份，并定期进行数据文件备份，供系统恢复用；

(4)计算机系统要专机专用，要避免使用其他软件，如游戏软件，减少病毒感染机会；

(5)接收网上传送的数据要先检查，后使用，接收邮件的计算机要与系统用计算机分开；

(6)定期对计算机进行病毒检查，对于联网的计算机应安装实时检测病毒软件，以防止病毒传入；

(7)如发现有计算机感染病毒，应立即将该台计算机从网上撤下，以防止病毒蔓延。

(三)计算机黑客及其防范

计算机黑客是指通过计算机网络非法进入他人系统的计算机入侵者。防止黑客进入的主要措施有：

(1)通过制定相关法律加以约束；

(2)在网络中采用防火墙、防黑客软件等防黑产品；

(3)建立防黑客扫描和检测系统，一旦检测到被黑客攻击，迅速作出应对措施。

第三章 会计电算化基本要求

一、会计电算化法规制度

《会计法》规定，使用电子计算机进行会计核算的，其软件及生成的会计凭证、会计账簿、财务会计报告和其他会计资料必须符合国家统一的会计制度规定；会计账簿的登记、更正应当符合国家统一的会计制度规定。

按照《会计法》规定，财政部制定并发布了《会计电算化管理办法》、《会计核算软件基本功能规范》、《会计电算化工作规范》、《会计基础工作规范》和《会计档案管理办法》等一系相关国家统一的会计制度。对单位使用会计核算软件、软件生成的会计资料、采用电子计算机替代手工记账、电算化会计档案保管等会计电算化工作作出了具体规范。

二、会计核算软件的要求

(一)会计核算软件的基本要求

根据《会计法》和国家统一的会计制度规定，会计核算软件设计、应用、维护应当符合以下基本要求：

(1)会计核算软件设计应当符合我国法律、法规、规章的规定，保证会计数据合法、真实、准确、完整，有利于提高会计核算工作效率。

(2)会计核算软件应当按照国家统一的会计制度的规定划分会计期间，分期结算账目和编制会计报表。

(3)会计核算软件中的文字输入、屏幕提示和打印输出必须采用中文，可以同时提供少数民族文字或者外国文字对照。

(4)会计核算软件必须提供人员岗位及操作权限设置的功能。

(5)会计核算软件应当符合 GB/T 19581——《信息技术——会计核算软件数据接口》国家标准的要求。

(6)会计核算软件在设计性能允许使用范围内，不得出现由于自身原因造成死机或者非正常退出等情况。

(7)会计核算软件应当具有在机内会计数据被破坏的情况下，利用现有数据恢复到最近状态的功能。

(8)单位修改、升级正在使用的会计核算软件，改变会计核算软件运行环境，应当建立相应的审批手续。

(9)会计核算软件开发销售单位必须为使用单位提供会计核算软件操作人员培训、会计核算软件维护、版本更新等方面的服务。

(二)会计数据输入功能的基本要求

(1)会计核算软件应当具备以下初始化功能：

①输入会计核算所必需的期初数字及有关资料，包括总分类会计科目和明细分类会计科目名称、编号、年初数、累计发生额及有关数量指标等；

②输入需要在本期进行对账的未达账项；

③选择会计核算方法，包括记账方法、固定资产折旧方法、存货计价方法、成本核算方法等。会计核算软件对会计核算方法的更改过程，在计算机内应当有相应的记录；

④定义自动转账凭证，包括会计制度允许的自动冲回凭证等；

⑤输入操作人员岗位分工情况，包括操作人员姓名、操作权限、操作密码等；

⑥提供必要的方法对输入的初始数据进行正确性校验。

(2)应当具备输入记账凭证的功能。

(3)对记账凭证编号的连续性应当进行控制。

(4)下列数据输入应有必要的提示功能：

①正在输入的记账凭证编号是否与已输入的机内记账凭证编号重复；

②以编号形式输入会计科目的，应当提示该编号所对应的会计科目名称；

③正在输入的记账凭证中的会计科目借贷双方金额不平衡，或没有输入金额，应予以提示并拒绝执行；

④正在输入的记账凭证有借方会计科目而无贷方会计科目，或者有贷方会计科目而无借方会计科目的，应予以提示并拒绝执行；

⑤正在输入的收款凭证借方科目不是“现金”或“银行存款”科目、付款凭证贷方科目不是“现金”或“银行存款”科目的，应予以提示并拒绝执行。

(5)对已经输入但未登记会计账簿的机内记账凭证，应提供修改和审核的功能，审核通过后，不能再对机内凭证进行修改。

(6)对同一张记账凭证，应当对审核功能与输入、修改功能的使用权限进行控制。

(7)发现已经输入并审核通过或者登账的记账凭证有错误的，应当采用红字凭证冲销法或者补充凭证法进行更正，红字可用负号“－”表示。

(8)采用直接输入原始凭证由会计核算软件自动生成记账凭证的，在生成正式机内记账凭证前，应当进行审核确认。

(9)由账务处理模块以外的其他业务子系统生成会计凭证数据的，应当经审核确认后生成记账凭证。

(三)会计数据输出功能的基本要求

(1)应当具有对机内会计数据进行查询的功能。

(2)应当按照国家统一的会计制度规定的内容和格式打印输出机内原始凭证、记账凭证、日记账、明细账、总账、会计报表。

(3)总分类账可以用总分类账户本期发生额、余额对照表替代。

(4)在保证会计账簿清晰的条件下，计算机打印输出的会计账簿中的表格线条可以适当减少。

(5)对于业务量较少的账户，会计软件可以提供会计账簿的满页打印输出功能。

(四)会计数据处理功能的基本要求

(1)应当具有根据审核通过的机内记账凭证及所附原始凭证登记账簿的功能。

(2)应当具有自动进行银行对账并自动生成银行存款余额调节表的功能。

(3)应当具有机内会计数据按照规定的会计期间进行结账的功能。

(4)结账前，应当自动检查本期输入的会计凭证是否全部登记入账，全部登记入账后才能结账。

(5)结账后，不允许再输入上一会计期间的会计凭证。

(6)应当具有自动编制符合国家统一会计制度规定的会计报表功能。对于根据机内会计账簿生成的会计报表数据，会计软件不能提供直接修改功能。

(7)应当具有确保会计数据安全保密，防止对数据和软件的非法修改和删除功能。

三、会计电算化岗位及其权限设置的基本要求

会计电算化岗位是指直接管理、操作、维护计算机及会计核算软件的工作岗位，一般可分为以下基本岗位：

(1)电算主管。负责协调计算机及会计软件系统的运行工作。

(2)软件操作。负责输入记账凭证和原始凭证等会计数据，输出记账凭证、会计账簿、报表和进行部分会计数据处理工作。

(3)审核记账。负责对输入计算机的会计数据(记账凭证和原始凭证等)进行审核，操作会计软件登记机内账簿，对打印输出的账簿、报表进行确认。

(4)电算维护。负责保证计算机硬件、软件的正常运行，管理机内会计数据。

(5)电算审查。负责监督计算机及会计软件系统的运行，防止利用计算机进行舞弊。此岗位可由会计稽核人员兼任。

(6)数据分析。负责对计算机内的会计数据进行分析。此岗位可由主管会计兼任。

上述电算化会计岗位中，软件操作岗位与审核记账、电算维护、电算审查岗位为不相容岗位。

会计电算化岗位及其权限设置一般在系统初始化时完成，平时根据人员的变动可进行相应调整。电算主管负责定义各操作人员的权限。具体操作人员只有修改自己口令的权限，无权更改自己和他人的操作权限。

四、计算机替代手工记账的基本要求

(1)配有适用的会计软件，并且计算机与手工进行会计核算双轨运行3个月以上，计算机与手工核算的数据相一致，且软件运行安全可靠。

(2)配有专用的或主要用于会计核算工作的计算机或计算机终端。

(3)配有与会计电算化工作需要相适应的专职人员，其中上机操作人员已具备会计电算化初级以上专业知识和操作技能，取得财政部门核发的有关培训合格证书。

(4)建立健全内部管理制度，包括岗位分工制度、操作管理制度、机房管理制度、会计档案管理制度、会计数据与软件管理制度等。

五、会计电算化档案的基本要求

(1)采用电子计算机进行会计核算的单位，应当保存打印出的纸质会计档案。具备采用磁带、磁盘、光盘、微缩胶片等存储介质保存会计档案条件的，由国务院业务主管部门统一规定，并报财政部、国家档案局备案。

(2)会计电算化档案包括机内会计数据、软盘等备份的会计数据，以及打印输出的会计凭证、账簿、报表等数据。

(3)系统开发资料和会计软件系统也应视同会计档案保管。

(4)会计电算化档案管理要严格按照财政部有关规定，并由专人负责。

(5)对会计电算化档案管理要做到防磁、防火、防潮和防尘工作，重要会计档案应准备双份，存放在两个不同的地点。

(6)对采用存储介质保存的会计档案，要定期进行检查，定期进行复制，防止由于存储介质损坏而使会计档案丢失。对会计软件的全套文档资料以及会计软件程序，保管截止日期是该软件停止使用或有重大更改之后5年。

第四章　会计核算软件的操作要求

一、电算化会计核算基本流程

电算化会计核算流程与手工会计核算流程基本相同，但核算流程中各环节的工作内容有很大差别。实际工作中，单位电算化会计核算流程因单位规模、类型和使用软件的不同而在具体细节上有所不同，但基本流程是一致的。

(一)编制记账凭证

编制记账凭证可以采用以下几种方式:

(1)手工编制完成记账凭证后录入计算机。

(2)根据原始凭证直接在计算机上编制记账凭证。采用这种方式应当在记账前打印出会计凭证并由经办人签章。

(3)由账务处理模块以外的其他业务子系统生成会计凭证数据。采用这种方式应当在记账前打印出会计凭证并由经办人签章。

(二)凭证审核

负责审核的会计人员审核已输入计算机的记账凭证。

(三)记账

电算化会计核算流程中的记账有以下特点:

(1)记账是一个功能按键,由计算机自动完成相关账簿登记;

(2)同时登记总账、明细账和日记账;

(3)各种会计账簿的数据都来源于记账凭证数据,记账只是"数据搬家",不产生新的会计核算数据。

(四)结账和编制会计报表

手工会计核算流程中,结账和编制会计报表是两个工作环节,工作量大且复杂。电算化会计核算中,通过一次性预先定义账户结转关系和账户报表数据对应关系,结账和编制报表是作为一个步骤由计算机在较短时间内同时自动完成。

二、账务处理模块基本操作要求

(一)系统初始化

系统初始化是指会计电算化系统在初次使用时,根据单位的实际情况进行参数设置的过程。在系统初始化环节要求完成以下基础设置操作:

(1)设置操作员及权限。根据会计电算化的要求设置操作人员,并规定其操作权限。

(2)设置会计科目。会计科目设置要求完成下列操作:

①设置会计科目编码。科目编码必须惟一,科目编码必须按其级次的先后次序建立,科目编码用数字、英文字母等表示,避免用如&、@、空格等其他字符。

②设置会计科目名称。科目名称用汉字、英文字母、数字等符号表示,不能为空。

③设置会计科目的余额方向。

④设置辅助核算科目。对需要进行部门核算、项目核算等专项核算的会计科目进行辅助核算设置。

⑤设置外币核算科目。

⑥设置数量核算科目。设定需要进行数量核算的科目,以及数量核算计量单位。

(3)设置各辅助核算项目。定义并对往来单位、部门、项目进行编码。

(4)设置外币币种及汇率。

(5)录入科目期初余额。将各个科目及辅助核算项目,在开始使用会计软件进行核算时的科目余额及发生额等相关数据输入软件系统,它是手工会计核算和计算机核算的衔接点。

(6)科目余额试算平衡。科目期初余额录入完毕后,使用软件提供的功能进行试算平衡。

(7)设置凭证类别。设置使用的凭证类别一般划分为收款凭证、付款凭证、转账凭证。

(二)日常账务处理操作

根据提供的会计业务资料，利用会计核算软件完成凭证录入、审核、修改、查询、记账和结账工作。

(1)录入记账凭证。录入凭证时，应首先选择凭证类型，输入制单日期，凭证按月、分凭证类型自动连续编号;然后依次输入附件张数、摘要、会计科目、辅助核算信息、金额等，其中，会计科目要求输入末级明细科目。录入完成后，要保存已录入凭证。

(2)记账前凭证修改。对于记账前的机内错误会计凭证进行修改。

(3)凭证审核。只有经过审核的记账凭证才允许记账。凭证输入、审核不能为同一个人。审核人不能直接修改会计凭证。

(4)记账凭证查询打印。输入一定的条件，查询相关记账凭证并将其打印输出。

(5)凭证汇总。将记账凭证按照一定的范围、条件进行汇总。

(6)记账。对审核后的记账凭证完成记账工作。凭证记账后就不能进行修改，如果发现凭证有错，只能用冲销凭证方法进行修改。

(7)账簿查询。会计凭证记账后，输入一定的条件进行查询，查询的结果可以屏幕显示，也可以打印输出。要求查询的账簿包括:明细账、总账、日记账等。

(三)结账

在会计期末，对指定月份进行结账。如果该月有尚未记账的凭证，则不允许结账。上一个月未结账，下一个月不能记账。结账后，不能再输入当月的记账凭证。

(四)编制会计报表

会计报表第一次使用时，也存在报表初始化的问题。所谓报表初始化，就是新建报表，定义报表格式，设置报表参数，定义报表取数公式和定义表内及表间的勾稽关系。

完成报表初始化后，报表的日常使用主要有:报表编制、报表汇总、报表查询和报表打印。

三、其他会计核算软件功能模块的操作要求

(一)应收/应付账款核算模块的基本操作

1. 初始设置操作

应收/应付账款核算模块初始设置操作要求包括:往来单位编码和名称定义、收款/付款条件定义、期初数据录入。

2. 日常使用操作

应收/应付账款核算模块日常使用操作要求包括:收款、付款单据的输入、应收/应付账款核销、生成打印应收账款催款单/应付账款付款提示、账龄分析、应收/应付账款查询打印。

(二)工资核算模块基本操作

1. 初始设置操作

工资核算模块初始设置操作要求包括:部门定义、工资项目设置、工资计算公式定义、工资原始数据输入和工资转账关系定义。

2. 日常使用操作

工资核算模块日常使用操作要求包括:工资变动数据输入、工资计算、工资汇总、工资分配及转账和工资报表输出。

(三)固定资产核算模块基本操作

1. 初始设置操作

固定资产核算模块初始设置操作要求包括:固定资产编码设置、固定资产使用部门设置、固定资产折旧率和残值设置、固定资产折旧分配和转账关系定义。

2. 日常使用操作

固定资产核算模块日常使用操作要求包括:固定资产变动输入、计提折旧、固定资产折旧分配和转账、固定资产账查询。

四、计算机基本操作要求

(一)启动和关闭计算机系统

启动计算机系统有冷启动和热启动两种方式。对于计算机网络系统，启动后应输入用户名和口令(密码)登录系统。

(二)运行和退出会计核算软件

运行会计核算软件可采用点击桌面会计核算软件图标，或通过“开始?? 程序?? 会计核算软件”进行。

通过不同窗口的切换可以实现会计核算软件与其他应用软件的切换。

(三)Windows 操作系统基本操作

(1)Windows 的启动与退出。

(2)Windows 的桌面环境:任务栏、“开始”按钮和我的电脑、网上邻居、回收站、我的文档等图标。

(3)Windows 窗口基本功能项。

(4)应用程序的启动及任务间的切换。

(5)文件操作。包括文件的复制、文件的移动、文件的删除、文件的重新命名。

(四)网络基本操作

(1)互联网上网基本操作。

(2)收发电子邮件。

(3)查询相关信息。

(五)文字表格编辑操作

(1)要求运用一种汉字输入方法每分钟输入 20 个以上汉字。

(2)文字编辑操作:

①字处理软件的启动和退出。

②字处理软件窗口的基本组成。

③文档的输入与编辑。包括:文档的建立与打开;文档的输入;文档的浏览;文档内容的选取、移动、复制和删除;文档内容的查找和替换;文档的保存。

④排版操作。包括:字形、字体和字号处理，文字对齐、段落缩进、行距处理。

(3)表格编辑操作:

①新建表格。

②在单元格中输入文字。

③修改表格，包括选定表格单元格、行、列，插入、删除表格单元格、行、列。

④表格数据计算。

读者反馈意见

亲爱的读者:

感谢您对《会计电算化(习题及模块部分)》的学习和热爱！为了今后能给您提供更优质的服务,请您抽出宝贵时间填写下面意见反馈表,以便我们更好地对本教材做进一步的改进。同时如果您在使用本教材的过程中遇到了什么问题,或者有什么好的建议,也请您来信、来电告诉我们。

地址:北京市丰台区科学城南极星大厦108室

电话:010-83795649/83794403

电子邮箱:caikai6223@263.net　QQ:649319527　QQ:1694299827

网址:WWW.KFHWH.CN

教材名称:《会计电算化(习题及模块部分)》

个人资料:

姓名:__________ 年龄:__________ 所在院校/专业__________

文化程度:__________ 通讯地址:__________

联系电话:__________ 电子信箱:__________

您使用本书是作为:□指定教材、□选用教材、□辅导教材

您对封面设计的满意度:

□很满意、□满意、□一般、□不满意　改进建议__________

您对本书印刷质量的满意度:

□很满意、□满意、□一般、□不满意　改进建议__________

您对本书的总体满意度:

从语言质量角度看:□很满意、□满意、□一般、□不满意

从科技含量角度看:□很满意、□满意、□一般、□不满意

本书最令您满意的是:

□指导明确 □内容充实 □讲解详尽 □实例丰富

您认为本书在哪些地方应进行修改?(可附页)

____

____

您希望本书在哪些方面需进行改进?(可附页)

____

____